おおまか、おおらか、だいたいでやってます

毎日続くお母さん仕事

後藤由紀子

はじめに

これから書くことは、実際にわが家であることばかりです。

華やかさはなく、地味で地道です。

家事、育児、何につけても、きちんと勉強をしたことはないので、しっかりした理念に基づいての定義があるわけでもなく、毎日手探り状態で暮らしていくうちに、「こんな感じ」というわが家のやり方がひとつひとつゆっくりと形になっていきました。

家でも外でも相手あってのことなので、尊重したり、時には本意でなくても流れに身をまかせる場合もあったり。その中で発見することもありますし、後悔することもあります。育児も、これが正解！と言い切れることは何ひとつありません。すべてにおいて、私の思い一筋で取り組んでいるところがあるので、偏っている部分もあります。

10あれば10のスタイルがあり、いろんなドラマがあり、順風満帆のお宅なんて、実際にはそんなにないのではないかなと思います。私も日々悩みながら、もがきながら暮らしています。たまにごほうびになるような出来事が起きたり、なかなか起きなければ自分で自分にごほうびを与えてみたりしながら、なんとかやっています。

子どものころから目立たないタイプで、コミュニティの中心人物ではありませんでした。今でもいろいろな賛否両論をいただきますが、大人になって、はっきり指摘してくれる人は大事だとしみじみ思い、それと同時に、数はそんなにいらないから、弱音を吐ける場所があるのは財産だなと感じています。人に迷惑をかけないようにと思いつつ、心を許せる場所では、甘えてもグダグダでもよいのかも、と思います。

久しぶりに会った友だちに「最近はどう？　幸せ？」と聞くと、「何をもって幸せかっていうことだよね」と言われました。たしかにそうだなと再確認したところです。いろいろな方々にお世話になりながら、影響されながら、おかげさまでなんとか生きています。

これから人生を楽しむことになるひとつ下の世代の人たちに、こんな例もあるんだよということを包み隠さず、ありのままにご紹介できたらいいなと思い、本を作ることにしました。

何につけてもエキスパートではないけれど、熱い思いはたしかに自分の中にあります。

大切にしたいことと優先順位を考えながら、できること、できないこと、時がたつにつれて徐々にできるようになることに、ささやかなお楽しみをはさみつつ向き合っていけたら、きっといい人生になるのではないかと思います。何かひとつでも、お役に立てるヒントがあるといいなと願いつつ……。

井出 大市
Vegetables
¥70
¥60

加藤定正
名称 白菜
原産地 長泉町産
¥100

もくじ

1章　毎日続くごはん作りの小さな工夫

2章

狭い台所だから使いやすい道具と収納

3章

家族も自分も気持ちよく暮らしていくために

1章

毎日続く
ごはん作りの小さな工夫

20分で晩ごはんにするために

店から家へ帰ってきて、晩ごはんができあがるまで、だいたい20分くらいです。学校や仕事から帰って来る家族を夕ごはんのいい匂いで迎えたいな、と思っているので、待たせることがないように手早くできるように工夫してきました。

帰宅してゼロから晩ごはんを作るのではなく、朝や前の晩に下ごしらえをしておき、ある程度準備してあれば、私がスタミナ不足で疲れていても大丈夫。煮物とサラダがあるから、あとは魚を焼いて、ゆでておいた野菜をごまあえにしようかな、という感じです。朝や前の晩の下ごしらえは、わざわざ時間をとって「さあ、やるぞ！」というのではなく、お弁当といっしょに作ったり、朝のしたくの合間にするようにしています。

たとえば、筑前煮。朝ごはんとお弁当を作り終えたら、その流れで根菜を刻んで、肉といっしょに鍋に入れて煮はじめます。その間に朝ごはんを食べたり、洗濯したりして、出かける前にはほとんどできあがっています。そのまま仕事に行き、帰ってきたころには味がしみていてちょうどいい具合に。あとは温め直して器に盛るだけです。

朝、お弁当に入れるポテトフライを揚げている鍋の端っこで、片栗粉をはたいた魚を揚げることもあります。揚げている間に、ジップロックコンテナーにだし汁、砂糖、酢、しょうゆを入れて混ぜ、冷蔵庫にある野菜（玉ねぎやにんじんのせん切り）を加えます。そこに揚げた魚を浸しておけば、南蛮漬けのできあがり。帰ってきたころには味がしっかりなじんでいて、この一品があるだけでもすぐに晩ごはんにできます。

もっと簡単に、とりあえず野菜をゆでておくだけのことも。ゆで野菜が冷蔵庫にあれば、そのままおひたしにしたり、煮魚の添え物にしたり、ごま油と塩であえて簡単ナムルにしたりと、副菜がすぐに用意できます。

作り置きといえば、毎週1回は煮卵を作っています。しょうゆとみりん、酢を合わせてひと煮立ちさせ、ジップロックコンテナーに入れて、ゆで卵を浸しておくだけ。浸した卵を夜寝る前にひっくり返せば、全体に味がしみたおいしい煮卵のできあがり。夏以外の季節は半熟卵で、夏場は固ゆでで作ります。どれも何日か持たせる常備菜ではなく、翌日か翌々日には食べ切ってしまうおかずですが、これらがあるとないとでは、気持ちの楽さ加減がまったくちがいます。

もともと料理は好きですし、家事のなかではいちばん得意かもしれません。私自身、両親と姉妹と家族5人そろってごはんを食べるという環境で育ちました。みんなで楽しくごはんが食べられること、おいしいねと言い合えること。凝った料理じゃなくてもいいから、毎日作り続けること。そのためには、まず自分が楽しんでごはん作りができるように、段取りよく工夫するようにしてきました。家事も仕事も、毎日ずっと続くことですから、どちらも無理せず、完璧じゃなく、ほどよい感じでオッケーにしています。

産直でたくさん野菜を買う楽しみ

週に一度、産直に買い物に行くのが楽しみのひとつです。車で5分ほどの距離に、すぐに品薄になってしまうほど地元の人たちに人気の販売所があります。いつも、初物や旬のものが並んでいて、少し形が悪くても、どれも新鮮だし、味が濃いし、安いしと、いいことだらけでうきうきしてしまいます。

野菜だけでなく、肉屋さんと豆腐屋さんも入っています。厚切りベーコン、豆腐、厚揚げなどもいっしょに買いながら、なんとなく頭の中で献立を組み立てていきます。キャベツが安いから、ウインナーと玉ねぎとセロリも買って、ポトフにしよう。残った玉ねぎはスライスして水にさらしておけばサラダに使えるな、という感じです。

産直ですから、スーパーのような少量販売はありません。キャベツはひと玉、大根1本、にんじん3本、小松菜は1束が基本です。産直を活用するポイントは、前日までに冷蔵庫をあけておくことと（そのことについてはのちほどP20で）、日持ちする根菜類とねぎ類を必ず買うこと。すぐに食べなくちゃとあせることなく、やりくりする余裕ができます。

かごいっぱい買って、毎日使いながら料理していると、自然と野菜たっぷりのおかずが増えます。栄養素やカロリーなど細かく厳しく考えなくても、旬の野菜をたくさん使えば栄養バランスはとれるかなと思っています。

野菜の下ごしらえはまとめてやる

産直で買ってきた野菜は、その日のうちに下ごしらえします。新鮮でおいしいものは、無駄にしないように料理したいですよね。だいたい3日～4日分の献立やお弁当のおかずを考えながら野菜を仕分けしておくと、毎日の料理が楽ちんになります。一気に作るのがたいへんなときは、日持ちのする根菜を保存しておいて、葉野菜からとりかかります。

たとえば、ほうれん草は1束全部さっとゆでてしまいます。水にはさらさず、水けをしっかりしぼってから、キッチンペーパーを敷いたジップロックコンテナーに入れておきます。その日のメインのおかずに合わせて、おひたしやごまあえにしたり、みそ汁に入れたり。さらには、パスタに入れることもありますし、肉巻きの具にもなったりと、いろいろ使えます。小松菜やそのほかの青菜も同じようにします。産直に行った日の晩ごはんで鶏の照り焼きをするときは、鶏肉が焼き上がる直前に、ざく切りにした青菜を1束（この場合はゆでずに生のまま）加えて味をからめれば、野菜もたっぷりとれます。

かぼちゃ1個なら、大きい場合は、1／4個、小さい場合は1／2個をまず蒸します。蒸している間にきゅうりやゆで卵、ハム、マヨネーズ、こしょうを用意して、かぼちゃが冷めたら全部あえてサラダに。晩ごはんにもお弁当にも使える一品になります。さらに1／4個は、煮物に。小さく切ったかぼちゃをミルクパンに入れ、

しょうゆ、砂糖、水を加えて強火で一気に煮ます（P50で作っています）。残りは薄切りにして、天ぷらにしたり素焼きにしたりして食べ切ります。

大根1本なら、半分は煮物に。厚切りにしてから、米のとぎ汁で下ゆでし、だしで煮ておくと、翌日には味がしみておいしく仕上がります。残っている大根のまん中の部分はみそ汁に。先のほうは生のままサラダに。魚をよく食べるので大根おろしにもします。

産直で買うごぼうは、だいたい3本セット。1本はにんじんといっしょにきんぴらに（P32で作っています）、もう1本は豚汁や筑前煮に入れたりします。にんじんも3本セットで売られていますが、日持ちするのでそれほど急がず、まず1本だけ、スライサーでせん切りにします（私は力が入らなくて、夫がやってくれます）。キャベツのせん切りといっしょに塩もみしておけば、そのまま食べてもいいし、ごま油と白ごまをかけてもいいし、すりおろしにんにくを加えてもおいしいです。にんじんのせん切りは、ツナ缶と卵といっしょに炒めればお弁当のおかずにもぴったりです。

どれもさほど手間のかからない下ごしらえですが、やっておくことで、ごはん作りが格段に楽になります。いつでもさっと使えるよう、冷凍保存はほとんどせず、どんどん食べます。次のページでは、キャベツひと玉をどう使いこなしているかを紹介します。ひと玉どーんと丸ごと買ったら、どんな料理にするかをはじめに考えて仕分けしておくと、新鮮なうちに食べ切ることができますよ。

回鍋肉
ホイコーロー

キャベツ
1/4個

みそ大さじ3、砂糖大さじ2、しょうゆ大さじ1、酒小さじ2(お好みに合わせて変えてください)を混ぜ合わせておきます。キャベツの葉4～6枚、ピーマンは2～3個くらいをそれぞれひと口大に切ります。長ねぎ1本は斜め切りに。フライパンにサラダ油を入れて熱し、豚こま切れ肉150～200gくらいを入れて炒めます。肉の色が変わったらキャベツ、ピーマン、長ねぎ、混ぜ合わせた調味料を加えて、さらに炒めます。

ロールキャベツ

キャベツ
1/2個

キャベツ1個が入る鍋を用意します。キャベツは芯を包丁でくりぬいて、わいた湯にまるごと入れます。やわらかくなってきたら取り出して、外から10枚くらいはがしてさまします。芯のかたい部分を切って(取っておく)、ひき肉だね(P45)をのせて、芯もいっしょに入れてきっちり巻きます。最後にベーコンをぐるりと巻いたら、私はパスタをさして留めます。深めのフライパンに並べて、水をひたひたに入れたら、洋風スープの素1個ほど(お好みで)、トマトのホール缶とトマトピューレ(なかったらトマトケチャップを使うことも)を入れて中火で煮ます。煮立ったら裏返して、ふたをしてさらに煮て完成。

塩もみ

キャベツ
1/8個

キャベツは、残っている分の4枚ほど(キャベツの葉の大きさによります)を食べやすい大きさに切ります。青じそは2枚(これもお好きな分量で)をせん切りにします。ポリ袋にキャベツと青じそを入れて、塩、ごま油各小さじ1、すりごま大さじ2を加えます。口をむすんで軽くふって、さらに手でもみこみます。塩の分量は、味見して好みに合わせてください。

みそ汁

キャベツ
1/8個

レシピを書くほど特別なものではありませんが、はじめて作る人のために……。わが家の家族3人分の分量です。キャベツは3枚くらいを食べやすい大きさに切ります。厚揚げ1枚は熱湯をかけて油抜きをしてから、ひと口大に切ります。鍋にだし汁を600mℓくらい入れて煮立ったらキャベツと厚揚げを入れます。さらに煮立ったら火を止めてみそ大さじ3弱(みその量は種類によって異なりますので加減してください)を溶いてできあがり。

＊じつは私はふだんの料理で大さじ、小さじを使うことはなく、目分量で味つけしています。ここでは参考までに分量を出していますが、お好みで加減してくださいね。

留守番料理は、煮込みがいちばん

子どもが成長してからは、東京出張を1泊にしたり、日帰りで夜遅くに帰ることが少し増えました。そんなときは、晩ごはんを用意してから出かけます。作るのが簡単で、家族も喜んでくれるのは、カレーやクリームシチュー、ポトフなどの煮込み料理。鍋に入れてそのまま置いておけば、温め直して食べるだけです。

ポトフは、キャベツ1／2個を使って作ります。にんじん、玉ねぎ、じゃがいも、しめじ、ウインナーなどをたっぷり入れるので、活躍するのがストウブのオーバル型鍋。キャベツ以外の野菜とウインナーかベーコンを入れて、キャベツでふたをするように全体にのせたら、水とコンソメを入れて煮込みます。セロリの葉があったら入れると風味よく仕上がります（食べるときには取り出してね、と伝えること）。マスタードと黒こしょうはそれぞれお好みでどうぞ、という感じです。カレーを作ったときはほかに小さなジップロックコンテナーに1人分ずつサラダを作っておきます。らっきょうや福神漬けも用意します。

鍋を火にかけている間に、ほかの準備ができるのも煮込み料理のいいところ。泊まりになるときは、朝ごはん用に卵サンドの具だけを作っておいたり、ヨーグルトやフルーツなど、すぐに食べられるものも用意しておきます。なにがどこにあるかは、夫にメールしたり、紙にメモで残して。家族の好物を作っておくと、みんな喜んでくれるので私も気が楽です。

煮込み料理のときはストウブの鍋が活躍します。鍋いっぱいに作れば次の日の朝も食べられます。

残り野菜でも立派な一品を

週に一度、産直に野菜を買いに行く前は、冷蔵庫の中に残っている野菜を使い切るメニューを作ります。野菜のかさを減らすには、サラダなど生で使うのではなく、炒め物で火を通すのがいちばん。私は、八宝菜やオイスター炒めをよく作ります。野菜室の奥に入っていると見逃してしまうので、残り野菜を見つけたら、冷蔵庫の上段の目のつくところに移動させておきます（忘れっぽいのでね）。にんじんを少しだけ残したりせず、余っているものは全部入れてしまうので、いつも分量はまちまち。野菜だけではなく、豚肉やきのこ類も入れれば、うまみも出て、食べごたえのある立派なおかずになります。

どれもざくざく食べやすい大きさに切って、火の通りにくいものから順番に炒めていき、最後に味つけするだけ。オイスター炒めの場合は、オイスターソースとほんの少しの砂糖、しょうゆで味つけ。八宝菜は、鶏がらスープの素と、酒、しょうゆ、砂糖で味つけ。八宝菜には、私も家族も大好きなうずらの卵となるとを必ず入れます。どちらも最後に水溶き片栗粉を入れてとろみをつけて。とろみをつけないと野菜炒めよりも、味が全体になじんでムラなく仕上がるからです。余り野菜が少ないときは、細かく刻んでコンソメスープにすることも。産直に行く前の日に帳尻を合わせるための、わが家のお決まりメニューです。

八宝菜

きくらげは食べたい分だけ水に浸して戻し、かたい部分を取り除きます。キャベツやピーマン、にんじん、もやしなど、残っている野菜と、豚バラ肉は食べやすい大きさに切ります。なるとは薄切りにします。水200㎖に酒としょうゆを各大さじ2ほど、砂糖と鶏がらスープの素はほんの少し（野菜の量で加減してくださいね）を混ぜておきます。フライパンにサラダ油を入れて中火で熱し、豚肉を炒めたら野菜ときくらげを入れます。混ぜておいた調味料を加えて混ぜて、煮立ったらうずらの卵の水煮（わが家は1袋全部）となるとを入れます。片栗粉大さじ1を水大さじ2で溶いたものをまわし入れて全体を混ぜたら完成。

食材選びは「まごわやさしい」を基準に

高校生のころから少しずつ料理はしていたので、東京に出て一人暮らしをはじめてからも、ほとんど毎日お弁当を作り、遊びに来た友だちにごはんを作ったりするのは得意でした。ちょうどそのころ、料理家の辰巳芳子さんの本で「まごわやさしい」という言葉を知りました。豆、ごま、わかめ（海藻）、野菜、魚、しいたけ（きのこ）、いも。この頭文字をとった言葉で、この7種の食材を使うのがいいということ。どれも大好物でしたし、20代の自分が、ぼんやりながらに献立として考えていた栄養バランスは間違っていなかったとうれしくなったことがあります。

結婚してからも、「まごわやさしい」はいつでも頭の中にあります。豆は豆腐類でもよくとりますし、厚揚げが大好きなので単品で煮ることもあれば、炒め物に入れることも。ごまはお弁当のごはんにふったり、ししゃもにつけて揚げたり、おひたしにかけたり、とにかくいろいろな料理に登場します。すぐに使えるように、手の届きやすい場所に常備している食材。ほかに干ししいたけや乾燥わかめなどの乾物も、まとめてかごに入れて、いつでも使えるようにしてあります。

ありがたいことに魚も海藻もおいしいものが手に入る土地です。ごはん作りは毎日のこと。細かい成分表など気にせずに「まごわやさしい」を頭に献立を考えていけば、栄養バランスは大丈夫かなというくらいの気持ちでやっています。

台所には料理に使うすりごま、金ごまを。廊下の棚には、お弁当のごはんにふりかける黒ごまを置いて。お弁当はリビングで詰めるのでここが定位置。

厚揚げ煮

厚揚げ1枚は熱湯をまわしかけて油抜きをし(やけどしないように注意を)、食べやすい大きさに切ります。鍋にだし汁200㎖を入れて中火にかけ、煮立ったら厚揚げを入れます。砂糖、酒、しょうゆをそれぞれ大さじ1ずつ入れて弱火で煮ます。私はだいたい20分くらいでしょうか。好みの味のしみこみ具合をさがしてみてください。

目分量で味つけできると楽ちん

料理の味つけは、いつも目分量です。たとえば、炒め物のしょうゆはフライパンをぐるっとひとまわしとか、煮物の場合は、調味料のおおまかな比率を覚えています。しょうゆと酒は同じくらい、みりんはその半分くらい、のように。野菜の大きさや状態、水分量はいつもちがうので、様子を見ながら味つけします。鍋の中の色を見て、薄かったらしょうゆを足すこともあります。大さじや小さじを使うことはほとんどなくて、これくらい入れればいつもの味、という感覚。複雑な味つけではなく、何度も繰り返し作っている定番料理ばかりなので、自然とできるようになってきたようです。

何度も作っているうちに覚えてくるとは思いますが、フライパンにひとまわししょうゆを入れると、大さじでどれくらいか、計ってみるといいかもしれません。そうすれば料理本のレシピを見たときに予測できるようになってきます。使いやすいスプーンがあれば、一杯でどれくらいの味の濃さになるか、様子を見ながら料理してみるのもいいと思います。もちろん、料理本のレシピ通りに作って、その味を覚えることも大切です。ただ、毎日忙しいなかで、何品かはだいたいこれくらいの味つけでよし、という気持ちを持っていると楽になると思います。ここで紹介するのは、わが家の定番の味。普通の主婦の家庭料理ですが、味つけの参考にどうぞ。

筑前煮

干ししいたけは５個くらい水で戻しておきます。軸を取って大きかったら半分に切ります。れんこんやごぼう、にんじんなどの根菜は､そのときあるものを。今回はれんこん１節、ごぼう１本、にんじん１本を、食べやすい大きさに切りました。鶏もも肉は 100g くらいをひと口大に切り、きぬさやはさっとゆでます。鍋にしいたけの戻し汁を入れて煮立ったら、鶏肉と根菜、しいたけを加えます。煮汁が減ってきたら砂糖、しょうゆ、酒をそれぞれ大さじ２くらいずつ入れて煮ます。味の濃さはお好みで加減してくださいね。器に盛ってきぬさやをのせてできあがりです。

鶏の竜田揚げ

鶏もも肉は500gくらいを食べやすい大きさに切ります。ポリ袋に入れ、しょうがのすりおろしを大さじ1、酒としょうゆはそれぞれ大さじ2ほど、焼き肉のたれまたはごま油少々を入れてもみこみます。味つけの濃さはお好みで。肉に片栗粉をまぶし、中温に熱した揚げ油に入れます。一度取り出して少し（私は3分くらい）おいて、揚げ油の温度を高温にして二度揚げして、カリッと仕上げています。

さばのみそ煮

さばの切り身は家族分なのでうちは３切れです。皮目に十字の切り目を入れます。フライパンに、しょうがの薄切り½片分、みそ、砂糖それぞれ大さじ２、しょうゆ大さじ１、酒大さじ３、水180mℓくらいを入れて中火にかけます。煮立ったらさばを入れ、落としぶたをして煮ます。魚に火が通ったらみそ大さじ½を加えて混ぜてできあがり。ゆでた青菜を添えて。

だし巻き卵

卵3個を割って溶き、だし汁大さじ3、砂糖大さじ1、塩少々を入れてよく混ぜます。小さめのフライパンにサラダ油を入れて中火で熱し、ペーパータオルで軽く拭き取ります。卵液を1/3量くらい入れて、表面が半熟になったら奥から手前にまとめます。うまく巻かなくても大丈夫ですよ。まとめた卵をまた奥にずらしたら、あいているところにペーパータオルで油をなじませます。奥の卵をちょっと持ち上げて、残りの卵液の半分くらいを入れます。また奥から手前にまとめて。残りの卵液も同じように焼いてください。巻きすに取り出して、巻いて形を整えましょう。

ほうれん草ともやしのナムル

お好みの青菜でいいですが、今回はほうれん草½わを使いました。もやしは½袋くらい。それぞれゆでて水けをきります。ほうれん草は食べやすい大きさに切ります。容器に白いりごま、太白ごま油をそれぞれ大さじ1、塩少々を入れて混ぜたら、ほうれん草ともやしを加えてあえます。

煮びたしはミルクパンがちょうどいい

２口コンロであれこれ料理しているので、大きな鍋とフライパンを並べると動かしにくくなってしまいます。だから、切って煮るだけの煮びたしや、がんもどき1袋だけを煮たりといった少量の煮ものには、ミルクパンを活用しています。なかでも、煮びたしはとてもよく作るおかず。野菜をたっぷりとれる副菜だからです。小松菜やおくら、アスパラやトマト、これからの季節は菜の花もいいですね。油揚げを入れるとうまみが出るし、きのこもたくさん食べたいので、しいたけやしめじなどを加えたりもします。そのとき冷蔵庫にあるもので作ることが多いので、複数の野菜が入っていることもあれば、逆に、しいたけだけ、小松菜だけなど、1種類の野菜で作ることも。それでも立派な副菜ですし、薄味に仕上げておくと、箸休めとしてどんなおかずにも合います。

作り方は、だし汁、しょうゆ、みりん、酒で煮るだけ。朝、10分だけ煮ておけば、夜には味がよくなじんでいるという具合で、時間がおいしくしてくれます。忙しい朝に重い鍋をいくつもコンロに上げ下げするのはたいへんですが、片手でさっと移動できる小さなミルクパンなら簡単です。鍋のまま置いておくときも、場所をとらず邪魔になりません。さっと作る料理には、さっと使える道具がちょうどいいなと思います。

ゆでた青菜があると、煮びたしや煮魚の彩りになって便利です。切って添えるだけ。

かぶとしめじの煮びたし

かぶ3個(大きさによるので、鍋に合わせてください)は、茎を少しだけ残して葉を落とします。よく洗って皮をむいて4等分に切ります。油揚げ1枚は熱湯をかけて油抜きをして、食べやすい大きさに切ります。しめじは½パックくらいを石づきを落として小房に分けます。ミルクパンにだし汁100mℓと、みりん、しょうゆ、酒をそれぞれ大さじ1ずつ入れて中火で熱します。煮立ったらかぶ、油揚げ、しめじを加えて煮ます。

きんぴらごぼう

ごぼう１本は包丁の背で皮をこそげ落とします。縦半分に切り、斜め薄切りにして水にさらします。にんじん１本は皮をむいて斜め薄切りにします。フライパンにごま油を熱し、水けをきったごぼうとにんじんを入れて炒めます。しょうゆ、みりん各大さじ２ほどを入れてからめたら、白ごまを加えます。

ごぼうは、ささがきせずに薄切りで

仕事をしながら家事をこなすので、料理はできるだけ段取りよく、簡単にできるように工夫しています。手抜きをするというのではなく、別の楽な方法を見つけるという感じです。きんぴらは、その代表かもしれません。

基本の作り方として、ごぼうはささがきにするものですよね。はじめて作ったころはそうしていたかもしれませんが、慣れなくて時間がかかってしまいました。もちろん、ささがきにしたほうが、アクが抜けやすく、火の通りが早いものです。でも、煮物に入れるときはささがきにしないし、火が通ればいいわけだから……と考えて、私は縦半分に切ってから、斜め薄切りにして作っています。にんじんも同じように切って、いっしょにきちんと炒めればいいし、歯ごたえもあっておいしいきんぴらになります。ごぼうだけ特別扱いせず、ほかの野菜で慣れている切り方なら手早くできるし、めんどうにも思いません。多めに作ってジップロックコンテナーに入れておくと、晩ごはんの副菜に、お弁当のおかずにと活躍してくれます。そうそう、豚汁に入れるときも斜め薄切りにしています。

毎日続く料理は、気軽に作れるのがいちばん。これじゃなくちゃダメと決めつけず、自分にとって作りやすく、さっとできるレシピが増えていけば、効率よく進めていけます。

ごま好きなので、きんぴらや
おひたし、炒め物にもごまを
ひとふり。香ばしく、栄養も
あるのでよく使います。

魚はグリルではなく、フライパンで焼く

沼津はアジの干物が名産です。漁港もあるので、実家では、当たり前のようにいつもおいしい魚が食卓にあがっていました。小さいころは、父が魚の身をきれいにとってくれていました。その姿を見て育ったので、大人になってからも父のように上手に魚を食べられるようになったと思います。自分の子どもにもそうであってほしいと、わが家でも魚は本当によく食べています。

うちのコンロには魚焼きグリルがありません。グリルがあっても洗うのがたいへんなので、必要ないからです。魚を焼くのは、いつもフライパン。皮目から焼いて、こんがりしたら裏返してふたをして蒸し焼きに。それだけでおいしいメインのおかずになるなんて、魚はえらい！　働くお母さんにはもってこいのメニューです。

仕事場と自宅の間に魚屋の「山正《やましょう》」さんがあって、自宅に帰る前に立ち寄ります。ここで販売しているのは干物が中心ですが、焼くとふっくらするので、とってもおいしいんです。アジはもちろん、さば、鮭、金目鯛、いわし、さらには太刀魚なんて珍しいものもあるほど、種類が豊富。さらに、しょうゆ干しやみりん干し、塩味と、それぞれの魚に合わせた味つけにしてくれているので、本当に焼けばいいだけ。西京漬やしらすもおいしいんですよ。お店のお母さんにその日のおすすめを聞きながら買い物するのもいい時間です。信頼できる魚屋さんが近所にあるというのは、すごく安心でありがたいことです。

子どもが小さなころから食卓には魚を出していたので、家族みんな大好物。アジの干物は定番のおかずです。

「しょうゆ味＋ほかの味」がわが家の定番

わが家のごはんは、和食がほとんど。ハーブやスパイスを上手に使いこなすことができなくて、しゃれた食卓ではないんです。心がけているのは、炊きたてのごはんに合うおかずということ。自然とメインは、しょうゆや塩の味つけが多くなります。しょうが焼きや煮魚、煮物、鶏の照り焼きなどもそうですね。しょうゆだけだったり、みりんや砂糖と合わせて甘辛い味つけもあります。

だから、副菜や箸休めにはしょっぱい味つけではないものを用意します。レパートリーとしてあるのは、マヨネーズ味、酢の物、中華味と、特別な味つけのものではありません。ただ、家族がどんなおかずにも箸をのばしてくれるように、考えているつもりです。マヨネーズ味のサラダは、子どもも大人も大好きですし、残ったら次の日のお弁当に入れることもあります。酸味のある酢の物は、とくに揚げ物がメインのときにはさっぱりさせてくれるもの。朝、出かける前にゆで野菜とあえておくだけなので、帰ってきてから楽ちんですよ。中華味は、市販の調味料（市販の鶏がらスープの素など）を使います。チンゲン菜など残っていた葉野菜をさっと炒め煮にすると、食べごたえのある副菜になるので重宝しています。

大皿や中鉢にどーんと盛って、小皿に取り分けるスタイル。うちの献立は、こんな感じ。複雑な味つけではないけれど、だから毎日続けていられるのかもしれないな、と思います。

チンゲン菜の中華炒め

チンゲン菜2株はひと口大に切ります。しょうがは薄切りに。フライパンにサラダ油を熱してしょうがを入れ、チンゲン菜の茎を炒め、油がなじんだら葉を入れて炒めます。水100㎖くらい、鶏がらスープの素チューブ1㎝くらい(お好みで)、酒大さじ1、塩少々を入れて混ぜ合わせ炒めます。

小松菜やほうれん草など
余った野菜でも！

コールスロー

キャベツは大きい葉で3枚くらい、ハムは3枚くらいを粗いみじん切りにします。きゅうりは1本ほどを薄切りにします。容器に入れて、缶詰のコーンを水けをきって加えます。マヨネーズ大さじ2～3（好みでいいです)、酢大さじ1、こしょう少々を入れてあえます。

にんじんを入れても
おいしいです

トマトのサラダ

トマトは輪切りにします。器に盛って、オリーブオイルをたらし、塩をふるだけ。簡単すぎてごめんなさいね。でも、おいしいオリーブオイルと塩があると立派なサラダになります。

一品足りないときには
これでもよし！

れんこんの酢の物

れんこん1節は皮をむいて薄切りにして、さっとゆでます。容器に酢大さじ2、砂糖大さじ1、塩少々を入れてよく混ぜてから、れんこんを加えます。赤唐辛子を入れてもおいしいです。

同じ調味料で、
みょうがや大根も
おいしいですよ

野菜をゆでるのはフライパンで

産直で野菜をたくさん買ったら、下ゆでしておくことが多いのですが、そんなときは深さのあるフライパンが活躍します。左ページの写真のように、いんげんや細切りのにんじんはもちろん、ブロッコリーや枝豆、アスパラガスなどもフライパンでゆでます。鍋よりも早くお湯がわくうえに、中の野菜の状態が見やすいのもいいところ。根菜類は、ゆであがりを確認するときに菜箸をさしますが、深い鍋よりもフライパンのほうが具が沈まなくてやりやすいのです。

いんげんとにんじんは、まとめてゆでておくことが多い野菜。そのままサラダとして食べるほかに、いっしょに肉巻きの具にすることもあります。ゆでた青菜類やブロッコリーはごまあえにしたり、ナムルにしたり。アスパラガスは、面積の広いフライパンなら切らずにゆでられるので、長いまま器に盛ってオリーブオイルと塩をかければ、ふだんとはまたちがう雰囲気になります。食卓が焼き魚やいもの煮物などの茶色中心で彩りがないな、というときは、青菜やさやえんどうをさっとゆでて添えることも。野菜以外に、冷しゃぶにするときの豚肉や、お弁当用の鶏団子もフライパンでゆでています。

口径が広く湯がわきやすい、ゆであがりが確認しやすい、野菜が取り出しやすいなど、ちょっとしたことが料理のしやすさに役立っているなと感じます。

火の通りにくいにんじんから。菜箸でさしてかたさを確認してから、いんげんを加えます。時間は計らず、だいたいで。

サラダは10個まとめて作る

ぱーっと広げて、ちょっとしたお弁当屋さん気分を楽しんで作業すると、はかどります。

生野菜を使ったサラダは、ひとり分ずつ作ります。小さなジップロックコンテナーに入れておけば、忙しいときにはそのまま食卓に出して「先に食べておいて」とできるので、とても便利。留守番をしてもらうときも、このサラダとカレーがあれば大丈夫です。

野菜はそのときにあるものを使いますが、だいたいレタスやキャベツ、きゅうり、にんじん、パプリカなどが中心です。ゆでておいたブロッコリーやじゃがいも、卵などを加えると、より食べごたえのあるサラダになります。ツナやチーズ、ハムなどのたんぱく質を入れると、うまみが増すのでおすすめです。

にんじんはせん切りして、そのほかの野菜は食べやすい大きさに切ります。まず、

にんじんを先に入れ、ドレッシングをひとかけ。そこに、レタス以外の野菜やコーン、チーズなどをたっぷり重ねたら、レタスでふたをするようにのせます。最後に上からぎゅっと押さえてふたをしてできあがり。そのまま冷蔵庫に入れておいて、食べる前に上下を返すようにすれば、ドレッシングが全体にいきわたります。

10個作るとなると、うちの小さな台所では手狭です。サラダを作るぞ、というときは、食材とジップロックコンテナーをすべてちゃぶ台の上に並べ、まずにんじん、次にかいわれ、と順に入れていくと効率よく10個を一気に作れます。じつはお弁当屋さんに憧れていて、こういう作業が大好きなので、楽しんでやっています。

ひき肉は1キロ買って、下ごしらえ

肉の特売日には、800グラム〜1キロほど買い込んで、おかずを何品か作るようにしています。合いびき肉の場合は、玉ねぎと混ぜてたねにして、ロールキャベツ、ピーマンの肉詰め、れんこんのはさみ焼き、ハンバーグに。ハンバーグは小さいサイズにしておくとお弁当にも使えて便利です。私は焼いてから冷凍しています。夜食べる場合は朝に、お弁当に入れるときは前の晩に、冷蔵庫に移して解凍。温め直して、ウスターソースとケチャップのソースを作ってかけます。

にんじんやセロリがあったら、合いびき肉500グラムを使ってミートソースを作ることもあります。にんじん1本、セロリ1本、玉ねぎ1個をみじん切りして、肉といっしょに炒めたら、トマトホール2缶、トマトケチャップを大さじ2ほど加えます。冷凍しておいて、パスタにしたり、ラザニアにしたりします。

鶏ひき肉のときは、合いびき肉と同じようにれんこんのはさみ焼きを作って、そのほかは鶏だんごにしています。だいたい鶏ひき肉400〜500グラムくらいに、みじん切りにした長ねぎ1本、しょうがのすりおろし大さじ1、卵1個、片栗粉大さじ2、あとは塩と酒少々を加えてよくこねます。ゆでかたは、たねを入れたポリ袋の角を切り落とし、熱湯にしぼり落とすようにします。ひとつひとつ丸めなくても簡単に鶏だんごができます。これも冷凍保存。照り焼きにしたり、大根といっしょに煮たりできるので便利ですよ。

ひき肉だね

玉ねぎ2個はみじん切りにします。フライパンにサラダ油を入れて熱し、玉ねぎを炒めます。透き通ったら、バットなどに取り出して冷まします。パン粉1カップに牛乳を入れてパン粉を湿らせておきます。ボウルに合いびき肉1kgと塩ふたつまみほどを入れて粘りけが出るまでこねます。炒めた玉ねぎ、牛乳にひたしたパン粉、卵2個、マヨネーズ小さじ1ほど、ナツメグ・こしょう少々を加えて混ぜます。これで下ごしらえ完了。

ハンバーグ

わが家では、1kgのひき肉だねの半分を使います。お弁当用に小さく10等分にして焼きます。空気を抜きながら丸めたら、まん中をへこませます。フライパンにサラダ油を入れて強火で熱し、丸めたひき肉だねを入れます。焼き色がついたら裏返して、ふたをして弱火に。箸で押して、肉汁が透明になったらできあがり。

れんこんのはさみ焼き

れんこん１節くらい使います。皮をむいて輪切りにして酢水にさらします。水けを拭いて、片面に片栗粉をまぶして、ひき肉だねを厚さ１cmくらいのせます。れんこんをもう１枚、片栗粉をまぶした面をたねにつけるようにしてのせて手で押さえたら、さらに全体に片栗粉をうすくまぶします。サラダ油をひいたフライパンで両面を焼き、しょうゆ、酒、みりんを加えて照り焼きにします。

ピーマンの肉詰め

ピーマン５個は縦半分に切って、種をとります。内側に片栗粉を薄くふり、ひき肉だねを詰めます。フライパンにサラダ油を入れて中火で熱し、たねを下にして焼きます。焼き色がついたら裏返して、ふたをして蒸し焼きに。はしで押して、肉汁が透明になったらできあがり。器に取り出して同じフライパンに（肉のうまみが残ってますからね）ケチャップとウスターソース、水を入れて熱し、とろみがついたら肉詰めにかけます。

段取りよく、30分で5品を作り置き

さて、今回は、肉じゃが、ゆで野菜、春菊とまいたけのごまあえ、かぼちゃの煮物、マカロニサラダを作ります。

肉じゃがから作ります。
だし汁を火にかけて、野菜を切ります。
もうひとつ別の鍋ではお湯をわかします。

だし汁を入れた鍋を強火にしたら、
火の通りにくい野菜から順番に入れて。

最後に豚肉をのせて、
砂糖、みりん、酒、しょうゆを加えて
(いつも目分量なんです)
ふたをせず、強火でぐつぐつ。

産直で野菜をたくさん買ってきた日や、お店が休みの日には、簡単な作り置きをしておきます。常備菜というよりも、その日と次の晩には食べ切ってしまうおかずですが、これを作っておくと、夕ごはんの準備やお弁当作りがぐっと楽になります。何時間もかけて何品も作ろうと考えるとたいへんなので、私の場合はだいたい30分程度で5品くらい。ポイントさえ押さえれば、小さな調理スペースと2口コンロでもやりくりできます。

たとえば、根菜をゆでたらお湯は捨てずに根菜だけ取り出して、同じお湯で葉野菜をゆでれば時間が短縮できます。煮物を煮込んでいる間に洗い物をしておけば、あとの作業がとてもスムーズ。時間をかけて煮込む肉じゃがやポトフなどを最初に準備し、煮ている間におひたしやサラダを作れば、時間が効率よく使えます。

次にゆで野菜を作ります。
ブロッコリーとカリフラワーを
食べやすい大きさに切って、ゆでます。

ブロッコリーと
カリフラワーは
穴あきおたまですくって、
ざるにあけます。
お湯は捨てないでね。

ごまあえをスタート。
春菊を切って、
沸騰しているところに入れたら、
まいたけをほぐしながら加えますよ。

ざるでは、ゆで野菜を冷ましつつ
右の鍋では、肉じゃがを煮つつ、
左の鍋では、ごまあえの野菜をゆでている、
という状態。

ごまあえの春菊とまいたけを
ざざーっとざるにあけたら、
冷水にさらしてから水をきります。
新たにお湯をわかしている間に、
シンクにある道具をささっと洗います。

10分経過

作業しながら、
ふきんで水けを拭いて。
手があいたら
さっと掃除しておくと
後が楽ちんですよ。

かぼちゃの煮物の準備。
ミルクパンにちょうどよく入る分量だけ、
わたをとって、食べやすい大きさに切ります。

マカロニサラダ、スタート。
奥の鍋のお湯がわいたら、
塩を加えて、
マカロニをゆでます。
かぼちゃの煮物の
ミルクパンに
砂糖としょうゆを
加えます。

ゆで野菜の
ブロッコリーとカリフラワーの
粗熱がとれたら
水けをきってペーパータオルを敷いた
容器に入れます。

ごまあえの続き。
容器にすりごまとしょうゆ、
砂糖を入れて(目分量ですよ)……

さっきゆでた春菊とまいたけを加えてよくあえたら、ごまあえの完成。

マカロニをざるにあけたら、かぼちゃの煮物へ。
かぼちゃの入ったミルクパンに
ひたひたの水を加えて強火にかけます。
ここではじめて肉じゃがを混ぜます。
(ずーっとほったらかしだったのよ)

20分経過

かぼちゃの煮物は焦げやすいので
タイマーをセットすることも
ありますよ。

マカロニサラダの続き。
きゅうりを薄切りにして、
ゆでておいた卵やハムを
食べやすい大きさに切って。

スライスして水にさらしておいた
赤玉ねぎも準備。
(なければ入れなくてもいいんですよ)

ボウルにマカロニ、玉ねぎ、
ゆで卵、ハム、きゅうりを入れて酢と
マヨネーズ(これも目分量ね)を加えて。

混ぜて味見しながら
塩こしょうを加えます。
奥の鍋では、
かぼちゃも肉じゃがもいい塩梅に
煮上がってます。

上から時計回りに
肉じゃが、マカロニサラダ、かぼちゃの煮物、ゆで野菜、
春菊とまいたけのごまあえ、完成。
できるだけ味つけのちがうものを用意するようにします。
夕ごはんの準備が楽ちんですよ。

おかずが少ないときは炊き込みごはん

白ごはんとメインのおかず、副菜を2～3品というのがいつもの献立です。でも、産直に買い出しに行く前の日などは、おかずが物足りなくなることも。そんなときに登場するのが炊き込みごはん。買い置きしてある乾物、干ししいたけが活躍します。あとは油揚げやにんじんを入れたり、きのこ類など残っているものがあれば加えて。作り方は、米をといで浸水している間に、しいたけ、にんじん、油揚げをだし汁、しょうゆ、砂糖、酒でさっと煮て、お米といっしょに炊き込むだけ。ごはんを炊いている間におかずを準備し、みそ汁を作れば完成。炊き込みごはんは家族みんなが好きな味なので、おかずが少なくても喜んでくれるお助けメニューです。

季節を感じることができるのも炊き込みごはんのよさだなと思います。たとえば、春には豆ごはん。米3合に対して好みの量のえんどう豆を入れ、あとは塩小さじ1、酒大さじ2で味つけするだけ。お弁当の彩りにもなるのでおすすめです。ほかに、たけのこごはんは、米3合に適量のたけのこの水煮を用意して、しょうゆ、酒、塩適宜で作ります。栗ごはんは、米3合に適量の栗を入れ、味つけは酒と塩適宜、5センチに切ったこんぶもいっしょに入れて炊き込みます。炊飯器からいい香りがしてくると、なんともいえない幸せな気持ちになってうれしくなります。

炊き込みごはん

干ししいたけ5個はぬるま湯で戻しておきます。米4合はといでおきます。にんじん½本、油揚げ1枚、しいたけは細切りにします。鍋にだし汁400㎖、しょうゆ、酒各大さじ4、砂糖大さじ2～3、塩小さじ½～1を入れて混ぜ、にんじん、油揚げ、しいたけを加えてさっと煮ます。具と汁をわけて、米と汁を炊飯器に入れて目盛りまで水を加えたら具をのせて炊きます。

みそ汁の具は2種でよし

あたたかい汁ものから食事をスタートしたいなと思うので、ほぼ毎日何かしら作ります。暑すぎる夏にはちょっとさぼってしまうこともありますが。みそ汁の具は、凝ったものは入れず、定番のものがほとんどです。無理にたくさん入れず、2種類あればよしとしています。豆腐にわかめ、もしくはなめこだったり、油揚げに青菜、もしくは大根ということも。油揚げは入れるだけでコクが出るのでよく使っています。ほかには、ねぎがあればプラスしたり、気分によってあさりを買ってくることもあります。もちろん、具だくさんのみそ汁も魅力的なので、冷蔵庫にいろいろ残っていたら入れることもありますが、基本は2種類くらいと考えると毎日でも苦になりませんし、ささっと作れます。

だしに関しても無理はしません。きちんととるのは週に2回程度。とくにこれ！と決めているものはありません。各地のアンテナショップなどでおいしそうと思って買ったり、いただいたり、実家からもらってきたりで、かつおやいわし、あごだしなどさまざま。一度封を開けたら使い切るまで同じだしで作ります。

中くらいの片手鍋に八分目まで水を入れて沸騰させ、削り節をひとつかみ。できただし汁は冷蔵庫に保存し、みそ汁のほかに煮物などにも使います。だいたい2日間でなくなります。足りないときは、だしパックや粉末状のだしに頼ることもあります。これでなくてはいけないと限定せず、できることをできる範囲でやっています。

55

基本のみそ汁はいつもこんな感じ。キャベツやじゃがいもなど、そのとき残っている野菜を加えることもあります。

夜、家事が終わってから眺めることも。明日はこれを作ってみようとメモをとって仕事帰りに買い物します。

料理本で新しい味を見つける

料理をはじめたのは、高校生のころ。最初は料理本を見て、作りたいものを作っては家族に食べてもらっていました。一人暮らしをはじめてからも冷蔵庫にはいつも食材が入っていて、いつ友だちが来ても料理できる状態でした。少しずつ自分の味ができて、今ではそれがわが家の味に。毎日のごはんは、そんな定番の味を繰り返し作っています。作り方は頭の中に入っているものばかり。とはいえ、ときどきは料理本を見て、新しい味を取り入れることもあります。

『おそうざいのヒント365日』（朝日新聞学芸部編）は、季節ごとにシンプルな定番料理がたくさん紹介されています。旬の野菜をたくさんいただいたときに重宝しています。ほかにも『これが正しい！　昔ながらのおかず100』（重信初江著）や、『家族が好きな和のおかず』（大原千鶴著）は、調味料の分量の切りがよく、複雑な味ではなくて毎日食べるごはんにぴったりの味つけばかり。ブログで拝見していてファンだった『たまちゃんの夫弁当』（たくまたまえ著）は、ごはんが進むおかずが豊富で、分量がお弁当用なのもポイントです。ちょっとひき肉が余ったときなどに見ると一品すぐに作れるので役立っています。

新しい食材の組み合わせ方がわかったり、定番の料理を改めて見直したり。料理本で新しい味に出合う時間を楽しんでいます。

毎日食べるお弁当には
普通のおかずがいちばんおいしい
文化出版局
おそうざいのヒント365日続々
朝日新聞学芸部編
永年のご愛読ありがとうございます。
これからも末永いおつきあいを
よろしくお願い申しあげます。
ASA所長・従業員一同

2章

狭い台所だから使いやすい道具と収納

398 399 400

狭いからこそ、動きやすい台所に

わが家の台所は、約3畳。とてもコンパクトな空間です。台所の奥（ちょうど冷蔵庫の向かい側）には洗面所があり、炊飯器や器を置く棚もあるので、動きまわれるスペースはかなり小さく、コックピットのようです。

台所のある場所は、玄関のすぐとなり。だから、家族が帰ってきたときに料理をしていても、顔を見て「おかえり！」と迎えることができて大好きな場所です。窓があって明るく、下校中の小学生が「たま（うちの猫の名前）のうち、おいしそうなにおいだな！」「ハンバーグかな」なんて言っている声が聞こえてくると、うれしくなってしまいます。

雑貨店を営む前は、食堂をしたいと思っていたほど、食べるのも料理するのも好きですし、仕事柄もあって、器や道具はいろいろあります。器はリビングの食器棚にもありますが、よく使うものを選んで台所の流しのすぐ後ろのオープン棚に置いています。どんなものに関しても、隠す収納や、しまい込むということはしていません。全部見えている状態なので、どこに何があるかわかりやすく、出し入れもしやすいです。

たとえば、調理台の前の出窓には小さなステンレス素材の棚を置いて高い位置まで収納できるようにし、ボウルやざる、菜箸といった調理中によく使う道具と調味料を置いて。壁面はフックを使って道具をひっかけ収納に。ちょっと手を伸ばす、さっと振り返る、一歩踏み出す、そんな最小限の動きで必要なものが取り出せるのは、狭いからこそのよさだなと思います。

朝は朝食のほかにお弁当も作り、晩ごはんは仕事から帰ってから20分ほどでしたくしています。時間をかけずに何品も同時に作るには、段取りよく動かなければなりません。食材や調味料から道具や器まで、必要なものがさっと取り出せるようにしておくことが大切だと思います。

コンロは2口だけ、調理台もまな板を置いたらいっぱいという狭さなので、作業スペースを確保しておくのも大切なこと。料理中にちょっと鍋を置いておきたい、盛りつける器を準備したい、というときに場所がないとあたふたしてしまいます。わが家では、腰高の小さな収納ワゴンをひとつ置いています。この天板には、ものを置きっぱなしにせず、いつも空けておくようにして、一時置き場として活用。ちょっとしたスペースですが、これがあるとないとでは大違い。自分が台所でどう動くかを思い浮かべ、どこに何があると動線が短くてすむかを考えると、ものの置き場所が決まってきます。

狭い台所ですが、ここで家族4人のごはんを作ってきました。年月とともに、器を買い替えたり、新しい道具が加わったりすることもありますが、基本的に作る料理は変わらないので、段取りが同じということは動線もずっと一定です。狭いことは欠点と思われがちですが、無駄な動きがなくなるので、効率よく作業できることを実感しています。

たくさん必要な道具と少なくていい道具

段取りよく料理するには、自分にとって料理しやすい道具が必要です。わが家の台所には、あれもこれも置くことはできません。だからといって、必要以上に減らすといざ料理するときに不便。たくさんあったほうが段取りよく進められる道具と、少なくてもいい道具があります。

たとえば、下ごしらえした野菜や作り置きのおかずを入れるためのジップロックコンテナーは、サイズ違いでたくさん持っています。また、菜箸は同じものを何膳もそろえるようにしたら、すごく楽になりました。料理中はいちいち洗わず、どんどん使います。わが家の料理は大きな器にどんと盛りつけることが多いので、取り分けるためのサーバーもたくさんあります。

少ないものの代表は、鍋。炒め物や野菜をゆでるときにも使える深めのフライパンがあれば、鍋をいくつもそろえる必要はありません。揚げ物専用の鍋は持たず、煮物も揚げ物も同じ鍋でしますし、深めのフライパンで揚げ物をすることもあります。やかんはなく、代わりに鉄瓶を1つ持っています。

どんな道具がどれくらい必要かは、もちろん最初からわかるはずもなく、料理しながら何年もかけて今の状態になりました。決めつけすぎず、必要ならたくさん持っていていいし、使いまわせる道具があれば活用すればいい。狭い台所でも、自分なりに道具と置く場所を選べば、段取りよく料理できるようになるのです。

398 399 400

よく使う道具「ジップロックコンテナー」

「ジップロックコンテナー」は、私にとって、なくてはならない道具のひとつです。下ごしらえなどでよく使う小・中サイズのものを、調理台の正面にある棚に置いています。ここは、料理中に手が届きやすく、さっと取り出せる一等地。下ごしらえから仕上がりまで、料理のどの工程にも必ずといっていいほど使う道具なので、いちばんいい場所に置いています。

まず、乾物を戻すとき。煮物に使う干ししいたけや切り干し大根を水につけておくのに使います。みそ汁用のわかめを入れておくことも。ふたをすれば重ねられるので、冷蔵庫の中でも、調理台の上でも省スペースになります。

調理中は、きんぴら用に切ったれんこんを酢水につけておいたり、だし巻き卵の卵液を混ぜたり。青菜のごまあえを作るときは、中サイズのものにすりごまとしょうゆ、砂糖を入れて青菜を加えてあえれば、そのままふたをして冷蔵庫に入れておけて便利です。いちばん小さいサイズのものは、P42のようにサラダに使ったりも。鍋でたくさん煮物を作ったときは、大きなサイズのジップロックコンテナーに移し替えて、鍋をほかの料理に使います。

ボウル代わりに、保存容器に、とにかくよく使う道具です。ときどきひびが入ったり、劣化したときに買い替えますが、安価なのもありがたいポイント。軽くて出し入れしやすく、落として割れたりする心配もない、安心して使える道具です。

料理中にさっと取り出せる道
具です。重ねて省スペースに
なるのもいいところ。

菜箸は同じものをまとめ買い

コンロ前にある出窓のいちばん手前に置いてあるのが菜箸です。「有次」の竹箸を20膳ほど、取り出しやすいように立ててあります。これは、調理中に洗うのがめんどうだから。炒め物に使った油のついたものを、おひたしに使うわけにはいかず、かといってその都度洗っていると効率が悪いな、と考えてのことです。

たとえば、マヨネーズ味の料理を混ぜ終わった箸はすぐに流しの中へ。次のごまあえを作るときは新しい箸を取り出して、といった具合です。ちなみに、野菜に火が通ったかを確認するときも、箸を使って（箸を野菜にさして）確認します。

わが家では料理を大皿にまとめて盛りつけることが多いので、菜箸より少し短い取り分け箸もたくさん用意しています。菜箸も取り分け箸もたくさん使うので、まとめ買いしています。

食べるときに使う箸は、子どもが小さいときはそれぞれの箸が決まっていましたが、成長してからは同じものでそろえました。どれを使ってもいいようにしておくと、いちいち選ぶ手間が省けます。箸立てごとリビングのテーブルへ。家族に運んでもらえて助かっています。

できた料理を盛りつけるときや、お弁当を詰めるときには、菜箸だったり取り分け箸だったりいろいろ。その都度やりやすいほうを使っています。

手前にあるのが食事用の箸。しょうゆと並べて置いてあり、まとめて食卓に持って行きます。

洗い桶の上にまな板をのせると、調理中の一時置き場として重宝します。まな板は、新年に１枚捨てて１枚新しくしています。

まな板はいくつも使う

菜箸と同じく、まな板も料理中に何度もひんぱんに洗うのはめんどうです。野菜を切るだけなら、濡れふきんで拭いたり、さっと水洗いすればいいのですが、肉や魚、揚げ物などは、匂いの問題もあるので、それぞれ別にしています。

野菜を切るのは大きな木製のまな板。厚みのあるタイプを選ぶと重くなってしまい、私にとっては出し入れするにも洗うにも不便に感じます。かといって薄くて軽すぎるものは、調理台の上で動いてしまって不安定。わが家のまな板に2センチほどの厚さのものが多いのは、そんな理由からです。

大きさは大小いろいろ。大きいものは、たとえば野菜炒めを作るときに、キャベツ、ピーマン、玉ねぎとすべての野菜をのせて切れるくらいのサイズです。また、小ぶりなものがあると、添え物用の青菜を少しだけ切ったり、にんにくなどをスライスするときにさっと使えます。洗うのも簡単で便利です。

肉や魚は匂いのつきにくいプラスチック製のまな板。気をつけて使っていても少しずつ黒ずみが出てくるので、高価なものは選ばずに買い替えるようにしています。

また、木製のまな板は、ただ切るためだけに使っているわけではありません。流しの中の洗い桶の上に置いて、調理台の代わりにすることも。そこにざるをのせて、ゆであがった野菜をあけたり、調理途中の食材を置いたりします。調理台が狭いので、この方法を取り入れてからはぐんと料理しやすくなりました。

ふきんのほか、エプロンも白いものを。真っ白の洗いたては、気持ちがきりっと引き締まってやる気が出ます。

気がついたらすぐふきんで拭く

流しの上のふきんかけには、いつも真っ白なふきんが3枚ほどかかっています。これは洗った食器を拭くためのもの。拭いて濡れたらかたくしぼってかけておき、次に拭くときは別の乾いているふきんを使います。わが家は食洗機がないので、一日に何度か食器を洗ったり拭いたりします。

食卓と調理台用の台ふきんと、ガス台を拭くためのふきんもつねに置いてあります。調理台は、料理をしている最中に水が飛び散ることがあるので、気がついたらさっと拭くようにしています。ガス台も、火を使う作業が終わって粗熱がとれたら油汚れを拭き取ります。拭き掃除をこまめにしておくと、汚れがこびりつかず、結果的に掃除が楽になるのです。

どのふきんも、とくにこれと限定しているわけではありませんが、以前買った無印良品のものや中川政七商店の「蚊帳生地ふきん」をよく使っています。どちらもコットン100%のもの。よく水分を吸い取って、乾くのも早いのがいいところ。さらに薄い生地なので、ぎゅっとしぼるのに力を入れやすいのも、握力の弱い私には大事なポイントです。

ふきんは、毎朝の洗濯でタオルやエプロンといっしょに洗濯機で洗っています。エプロンもそうですが、白を選んでいるのは汚れに気がつきやすいから。だんだん薄汚れてきたなと思ったら、まとめて漂白をすれば、いつも気持ちよく使えます。

よく使うフライパンは3つ

調理道具は器のように日替わりで楽しむものでもないですし、うちの小さな台所では収納場所も限られているので、必要最小限のものにとどめています。毎日の料理で使うフライパンは3つ。直径28センチの大きくて浅いタイプ、直径24センチの中くらいで深さが8センチあるタイプ、直径20センチで小さくて浅いタイプです。

大きくて浅いものは、面が広いのでポークソテーや焼き魚に使っています。野菜を蒸すためにせいろを使うときは、このフライパンの上にせいろをのせて。

深いフライパンは、少量の煮汁ですませたい煮物によく使っています。たとえばロールキャベツはひたひたに煮汁をはって煮込みながら途中で裏返して。また、天ぷらや唐揚げなどの揚げ物でも深いフライパンが登場します。揚げ油はひたひたしか入れず、途中で裏返して揚げれば大丈夫。状態がよく見えて安心です。

小さくて浅いフライパンは、毎日のお弁当作りに欠かせません。少量の炒め物には必ず使いますし、お湯がすぐにわくので、こんにゃくの下ゆでをしたり、彩りに使うさやえんどうをさっとゆでたり。朝のベーコンエッグやハンバーグのたれを作るのにも活躍してくれます。

フライパンは、基本的に油をひかなくてもいいテフロン加工されたものを選んでいます。毎日、何度も使うので、近所のホームセンターやスーパーなどで買えるような安価なもの。テフロンがはがれたり持ち手がぐらぐらしてきたら買い替えます。

いちばん下が、浅くて大きなフライパン、まん中が深いタイプ、上が小ぶりのフライパン。この3つで事足ります。

2口コンロだから鍋も少なく

フライパン同様、鍋もよく使うものは3つくらいです。コンロが2口だと、あれこれ持っていても、火にかけられる数は限られているので自然と厳選されました。以前使っていたものも処分せずに持ってはいるのですが、使いやすくてつい手が伸びるものは決まっています。

まず、直径14センチ、深さ6センチの小さなミルクパン。厚揚げだけ、かぼちゃだけといった少量の煮物や、青菜の煮びたしに使っています。軽くてコンパクトなので片手で持ち上げやすく、とても重宝しています。もちろん、ミルクティーをいれるなどミルクパンらしい使い方もします。

ほかによく使うのは、直径18センチの片手鍋。これは毎日のみそ汁に欠かせません。この鍋で肉じゃがを煮たりすることもあります。基本的に野菜をゆでるのはフライパンのほうが便利なのですが、フライパンがふさがっているときにはこの鍋の出番となります。

そして、10年ほど前に友人たちから誕生日プレゼントでいただいたストウブの鍋は、カレーやシチュー、ポトフや角煮と、さまざまな煮込み料理に大活躍。オーバル型の27センチのタイプで、縦に置くと幅をとらず、横にフライパンを置いても余裕があってありがたいのです。ストウブで留守番料理のポトフを作って、さらにほかの煮込み料理も作るときは、以前使っていた円形のル・クルーゼが登場します。

ストウブの鍋は、しまい込まず、台所にある踏み台の上を定位置に。近くにあると気軽に使えます。

道具はワンアクションで取れるように

小さな台所ならではのよさは、道具にも器にも手を伸ばせばすぐに届くこと。使いたいときにさっと取れると、料理の段取りもよりスムーズに進むように思います。もちろん、扉付きの収納棚や引き出しに入れればすっきり見えるかもしれません。でも私はすっきりしまうよりも、取り出しやすさを優先。扉を開けたり、引き出しを引いたり、箱を取り出したりする手間はなるべく減らすようにしています。通気をよくしておけば、竹のサーバーなどの湿気問題も気にしないですみます。

よく使う調理道具は、フックに引っかけるか、びんにまとめて立てるかして、ワンアクションで取り出せるように。置く場所を使う場所のすぐ近くにすることも無駄な動きを減らすうえで大切です。たとえば、コンロまわりで使う菜箸や木べら類は、コンロ前に。盛りつけ箸は調理台の前。水まわりで使うピーラー類は流しの横、まな板は調理台の前といった具合です。

食器の収納もオープン棚にして、扉などを開ける手間をなくしました。毎日頻繁に使う器ばかりなので、ほこりがたまることもありません。小さな鍋を持ったまま、片手で小鉢を取ることもできます。家族に手伝ってもらうときも、めんどうがらずに取り皿をまとめてリビングに運んでくれます。

道具も器も使ってこそ。動きに合わせた場所に、取り出しやすく置くことが大切だと思います。

高い位置には、みそ漉しやヘラなど軽い道具を吊るし、刃物などはシンク横の低い位置に吊るします。

電子レンジの上のトレイにグラスをまとめて。大きさもデザインもさまざまで、家族が好きなものを選んでいます。

わが家でよく使う器です。右上の有田焼の小皿は、同じ形で大きさ違いをそろえています。右の青い印判の取り皿は、古道具店で購入したもの。色みをそろえれば、柄違いでも楽しいです。左上と右下の中鉢はシンプルで、食材をおいしそうに見せてくれます。緑の織部の器はひとつあると彩りになっておすすめ。

使い勝手のいい食器

家庭料理におすすめの器を紹介します。まず、有田焼の白い小皿。かたい磁器なので、洗うときも気をつかいません。菊花型は何を入れても上品に見えます。

　取り皿は、古い印判をそろえています。これも磁器です。わが家の器は柄物が少ないので、ワンポイントになるうえ、家族の人数分あると食卓に統一感が出ます。

　青菜のあえ物やトマトサラダ、ひじきの煮物などの副菜には中鉢を。黒っぽいものと、グレーの中間色もあると重宝します。きれいな緑の織部は、昔は青菜が採れない時季に食卓のさし色として使われていたそう。大鉢を織部にすれば、茶色っぽくなりがちな煮物や唐揚げなどをそのままどんと盛りつけても、器の色できれいに見せてくれるので重宝します。

ストック類はおおまかに収納

干ししいたけやひじき、かつおぶしなどの乾物類や、調味料のストック類などは、大きなかごにまとめて入れています。

ストック類を細かく分けて収納するのはむずかしいもの。袋入りだったり、箱に入っていたりと形がばらばらで、サイズも大小まちまちです。さらに、使えば減るし、買い足せば増えるし、一定のものがいつも変わらずにあるというわけではありません。細かく分けてしまうと、逆に無駄なスペースができることもあり、あれこれ仕分けするのにも時間がかかり、私にとってはそのほうがストレスになってしまいます。だから、乾物やストック類の収納はだいたいでよしと決め、かごにどさっと入れています。

かごは2つ。よく使うものは上、買い置きのものは下、というおおまかな収納法です。ここに入っていることがわかっていればよし。マヨネーズがなくなりそうだと思ったら、この中を探して買い置きのものを上に移動させるという具合です。

かごは、ステンレス製の作業台の下の段に置いています。わが家の3畳の台所にこの作業台はちょっと大きいかもしれません。でも、収納力は抜群。炊飯器や電子レンジのほかに、スプーン類の入った小引き出し、料理本もこの棚に置いています。小さな棚をあれこれ置くよりも、収納力のある台がひとつあると、すっきりまとまるなと感じます。

棚のサイズにぴったり合うかごがあったので、ストック類の収納に。とりあえずここに入れておけばすっきり。

一時置き場を確保する

わが家の台所は、玄関のすぐとなり。玄関のたたきには、靴をはくときに座れるようにと古い木の椅子が2脚置いてあります。じつはここ、フライパンや鍋の一時置き場にぴったり。2口のコンロには、ハンバーグや煮物の入ったフライパンや鍋が置いてあり、さらに青菜をゆでたいとなったときなどに、鍋やフライパンをこの椅子に移動させて、コンロをあけるというわけです。こういった一時置き場があるだけで、狭い台所でもスムーズに作業が進められます。

ほかにも、流しの中の洗い桶にまな板をのせて、保存容器やざるなどの一時置きとして使うことも。また、台所の入り口近くに置いてある腰高の収納ワゴンも、よく使う一時置き場です。天板がタイルなので、フライパンを火からおろしてそのまま置いても大丈夫。ワゴンの上に器を準備しておき、盛りつけ台としても使うこともあります。

効率よく料理するには段取りが大事。食材を切ったり、火を入れたり、盛りつけたり、どの工程でもつまずくことなくスムーズに動けるようにしておく必要があります。かといって、これらの工程すべてを台所の中でと思ってしまうと、狭い空間ではむずかしくなります。もっと柔軟に考えて、玄関でも廊下でも、動線に合った場所を活用すれば、ぐっと楽になるのです。

玄関の椅子が一時置き場になるのが日常です。椅子の横は風がよく通るので、かごに根菜を入れて置いています。

廊下も台所の延長として使う

限られたスペースに、食材や道具、器まですべてを納めるのは、とてもむずかしいもの。私は割り切って、すべて台所に収納しなくてもいいことにしています。どうしているかというと、リビングと台所をつなぐ廊下に収納ワゴンと棚を設置して、食材やびん類の置き場所に。棚は、行き来する邪魔にならないよう奥行きの浅いものを選びました。

棚の上段に置いてあるのは、黒ごまやふりかけなどお弁当に使う乾物類。お弁当はリビングで詰めるので、持って行きやすいこの場所が定位置です。中段にはお茶類、下段にはときどき使う豆などの乾物やジャム類。奥行きが浅い棚なので、すべて見える収納になり、ひと目でどこに何があるかわかりますし、気がついたら賞味期限が切れていた、ということも防げます。

トレイ類の置き場所も廊下です。木製のトレイは気に入った風合いのものがあるとつい買ってしまうので、たくさんあります。ワイヤーかごにまとめて収納。リビングから台所に移動しながらトレイを一枚取り、お茶の準備をしたり、お昼ごはんを用意して、またリビングに戻る。そんな流れで使います。わかりやすい場所にあるので、家族に「トレイ持ってきて」と台所から声をかけると、迷わずに取ってきてくれるのも助かっています。

リビングと台所をつなぐ廊下は壁沿いに棚を置いて収納場所に。行き来しながら使う道具を置くようにしています。

3章

家族も自分も気持ちよく暮らしていくために

大きなちゃぶ台が生活の中心

わが家にはダイニングテーブルや椅子はありません。朝晩の食事もお茶を飲むのも、すべて大きな円卓のちゃぶ台です。これを家族で囲んでごはんを食べたり、おやつをつまみながらテレビを見たりと、かれこれ16年以上、このテーブルが家族団らんの中心にあります。

食事やお茶をするほかに、ここを調理台の延長として使うこともあります。家族のお弁当を詰めるときに、ゆで野菜の入ったジップロックコンテナーや、揚げ物や焼き魚をのせたトレイをテーブルの上に並べて作業すると、すごくやりやすいのです。家族が朝ごはんを食べている隣で詰めています。ほかに、P42で紹介したようにサラダをまとめて作るときや、下ごしらえしたおかずを冷ますときにも便利に使っています。夜の家事が終わったあとに、このテーブルの上でパソコンを開いてメールをしたり、手紙や商品の発注書などを書くことも。

あれこれ使うテーブルなので、いつもすっきりさせておくように心がけて。食事や仕事などが終わったら、卓上にあるものを片づけて、必ずていねいに水拭きします。これだけは私のなかで決めているルール。出かける前や夜寝る前も、テーブルの上は何もない状態に。テーブルがすっきりしていると、家族も気持ちいいでしょうし、次の作業をはじめるときも、気分よくスタートできます。

一日に何度も拭くちゃぶ台。ここがすっきりしていると、気持ちよく過ごせます。台ふきんは白で統一。

掃除は一日の流れに組み込んで気軽に

うちの床はほとんどがフローリングです。和室があるのは2階だけなので、すぐに掃除できるようにと、掃除機は階段を上がったところが定位置になっています。吸引力のあるちょっと重いタイプの掃除機なので、1階まで下ろして掃除機をかけるのは結構たいへん。気づいたときにさっと掃除できるように、1階にはフローリング用のワイパーを置いています。

朝、ワイパーを持って、2階の子ども部屋からはじまり、踊り場、階段、1階の廊下、居間、トイレ、脱衣所、台所、玄関まで掃除したら終わり。そして夜は夕ごはんが終わって、次の日のお弁当の仕込みも完了したところで、またひと通り掃除します。わが家は猫のたまがいて毛が落ちるので、夜も必ずさっと掃除します。きれいになった部屋で、ゆっくり気持ちよく晩酌するのも楽しみです。ワイパーで朝晩掃除するようになり、床に何かを置きっぱなしにすることがなくなりました。自然と棚や机の上など床以外の場所に物をしまうのが習慣になった感じです。

そのほかの場所の掃除は、まず、玄関のたたきは毎朝ほうきで掃き掃除。前日の汚れをすべて取り除いて気持ちよく出入りできるように、朝いちばんにきれいにしておきます。逆に、トイレの拭き掃除は夜。お風呂に入る前に掃除シートでトイレまわりを拭いてからお風呂に入って一日終了となります。掃除が一日の流れに組み込まれているので、苦にならず気軽にできているのかなと思います。

気がついたらさっと掃除。本棚の後ろやソファの脇はちょうどワイパーが入るすき間をあけて掃除しやすくしています。

リビングの一角にある小引き出しコーナー。このおかげで、ちゃぶ台の上に細かいものが出しっぱなしになりません。

収納の頼もしい味方、小引き出し

家族みんなが使う文房具や薬、体温計や爪切りなどの日用品、さらに領収書などの紙ものと、リビングは細かなものがたくさんある場所。これらの収納には、小引き出しを活用しています。リビングの一角に3つ置いていて、どれも古道具屋さんで購入したもの。昔のものは規格が統一されているものが多く、並べて置くと奥行きや幅が自然とそろいます。

最初に買ったのは上の写真、左側に置いてある10段のタイプ。これなら細かいものが整理できるなと即決しました。いちばん上の段とその次の2段目には、よく使う文房具や日用品を入れています。細かいことは気にせず上2段に入っていればいいというおおまかな収納なので、夫や子どももぽんとしまってくれます。いろいろなものが混在することもありますが、たとえば爪切りを使いたい場合は上2段のどこかを探せばいいので、それはそれでよし。その下の段には、家族それぞれの保険証や診察券をひとりずつ空き箱に分けて収納しています。分けてあると、急いでいても探しやすいですし、平日の夕方など時間がないときは箱の中身を全部持っていけばいいというわけです。さらに下の段にはストック類を入れています。

右側に積んである小引き出しには、おもに私が使う便せんや封筒、切手類や祝儀袋などを。夫と私、それぞれの領収書もとりあえずこの引き出しに入れておき、あとで時間をとって整理しています。

診察券
きくちクリニック
国民健康保険
おくすり手帳

世界中で愛されているベストセラーサインペン
0.38
uni
0.5mm

雑多なものには、とりあえず置く場所を

忘れないように目につく場所に置いておきたい書類や、どこに置いたか忘れがちなめがね、個展の案内などの手紙類は、小引き出しにはしまわず、かごやトレイを使った一時置き場に置いています。とりあえず置く場所ではありますが、きちんと決めておくことで、あちこち探す手間が省けます。

息子がまだ家にいたころは、学校からのプリント類が兄妹ふたり分ありました。提出しなければならないものや、予定表などこまめに確認したいものもあるので、これらはまとめてアルミ製のトレイに。今は娘ひとり分ですが、変わらず続けていること。見返さなくてよくなったものからファイルに入れて整理しています。

読みかけの雑誌や書籍はつい置きっぱなしにしてしまうので、リビングに大きなかごを置き、とりあえず収納。いっぱいになったら見返して本棚にしまいます。

出かける際のバッグの中身にも一時置き場を。帰ってきたらすべて出して定位置に置き、次に出かけるときは、そのとき使うバッグに中身を入れます。めんどうでついバッグごとかごに置くこともありますが、それでも定位置があると、どこに置いたか忘れてあわてることがありませんし、床に置きっぱなしにもなりません。

とりあえず置くための場所が決まっていれば、床やソファの上、テーブルの上もすっきり。かごやトレイがいっぱいになったら整理するというおおまかな感じが私に合っているのか、きちんと続けられているルールです。

テレビの横の作業台の上にあるトレイには、プリント類を重ねて。息子が小さいころに絵を描いた石を文鎮に。

写真を貼っているのは、リビング横の仕事部屋にある机の前。ふとしたときに眺めては、にんまりしています。

写真や子どもの作品は厳選して

ちょっと気恥ずかしさもあって、家族写真は飾っていません。そのかわり、小さいころの息子と娘、愛猫たまのそれぞれのポラロイド写真だけ、机の前の目に入る壁に貼っています。フレームに入れたりせず、ピンで無造作に留めているだけですが、そのほうがわが家のインテリアになじむかなと思っています。たまに眺めては、かわいかったなぁ～と懐かしんだりして。

幼稚園から高校まで、息子と娘それぞれが学校で描いた絵や工作はたくさんありました。どんどん増えるものなので、すべて飾るわけにはいきません。とくに子どもが思い入れのあるものや家族の思い出があるもの、私が好きな雰囲気のものを選んで飾り、そのほかは2階にしまっています。絵はフレームに入れ、紙粘土などの工作はそのままで、仕事部屋の壁や棚、机の上に飾っています。カラフルな色使いや愛嬌ある表情のものが目に入ると、心がほぐれ、楽しい気持ちになります。

手のひらサイズの小さな工作もたくさんあります。これらはリビングへ。もともと小さな雑貨が大好き。工作だからと区別せず、雑貨といっしょに飾り棚にディスプレイしています。「これ、お母さんに」なんて作ってくれたものもあって、そのときのあたたかい気持ちを思い出したり。小さいころ自由にのびのび作ったものは、仕事部屋やリビングのちょっとした彩りになっています。

PROFESSIONAL

SAKURA

MILK

朝ごはんを作りながら洗濯を

家族が居心地よくくつろげる家にしたいと、料理をしたり、掃除をしたり、洗濯をしたりしてきました。着るものはいつも清潔にそろえていられるように、毎日せっせと洗濯しています。

まず、タオル、下着、制服のシャツなどの白いものをまとめて、夜寝る前に洗濯機に入れ、翌朝に洗いあがるようにタイマーをセットしておきます。朝起きて朝食を作り終えたらすぐに、この洗濯の第1チームを干します。次に洗うのは、庭師をしている夫の仕事着や子どもの運動着などの汚れがあるもの。最後に、ひとり分のシーツと布団カバー、枕カバーを洗濯（毎日ひとり分ずつ順番に洗います）。あとは折りをみて、トイレマットやキッチンマット、クッションカバーやソファカバー、カーテンなど。平均すると毎朝3回ほど洗濯機をまわしますが、朝ごはんの準備や掃除をしながら並行して段取りよく進めるようにしています。

息子に洗濯のコツをメールすることもあります。パーカーのフードは下にして干さないとなかなか乾かないよ、靴下はゴムを上にして、など。少しずつできてくればいいのですが……。

大人も子どもも外へ出ればたいへんなこともつらいこともあるでしょう。せめて清潔な洋服で気持ちよく出かけて、すっきり寝てもらえたらなと思っています。

息子が東京でひとり暮らしをはじめたので、シーツ類の洗濯は今までの４日サイクルから３日サイクルに。洗いたてのシーツはほんとうに気持ちいいのです。

読んだ育児書は一冊だけ

息子と娘は学年では2つちがい。しかし、年齢的には1歳8か月ほどしか離れていないので、小さいころは双子を育てているようなめまぐるしい日々でした。ひとり泣けばこちらも泣くといった感じでたいへんでしたが、毎日愛おしくて愛おしくてあっという間に時間がすぎていったように思います。

子育てをはじめるとき、あれこれがんじがらめになるのが怖いという気持ちがあり、育児書は一冊しか読みませんでした。あとは母や義母、友人に教えてもらうことに。その唯一読んだ本が、『抱かれる子どもはよい子に育つ』（石田勝正著）です。さまざまな子育ての例があげられていて、親にやさしくしてもらった子は人にもやさしい、さらに、核になる情緒が安定するということが書いてありました。これは子どもに限らず大人になっても同じことだそう。心の寂しい人の背中をさすってあげるだけでも効果がありますものね。また、心の豊かさには、子どものころにどれだけ愛されていたかが重要ということもすごく響いたことです。

私は愛情表現として、毎日抱っこして育てていました。「今のうち今のうち」と言い訳しながら、ふたりとも小学6年生まで抱っこして。成長した今では、ふざけて逆におんぶしてくれたりすることもあります。今思い返してみると、抱っこできる期間は限られていましたが、やりきったなと実感しています。子どもは自分の所有物と思うこともなく、子離れもすっきりできているように思います。

101

この本のおかげで、あれこれ縛られずに子育てすることができました。愛情を注げば大丈夫と思っています。

反抗期の乗り越えかた

息子が中学3年生、娘が中学1年生になったころ、2人同時に反抗期がきました。いつも息子にはお風呂掃除を、娘には洗濯物の取り込みを、それぞれの家の仕事としてお願いしていましたが、やっていないことが増え、指摘すると「あとで」と素っ気ない返事。甘えとは思っていても、こちらも人間ですから受け流せないときもあります。言い合いになったり、「お母さんだって人間、ひどいこと言われたら悲しい思いにもなるんだからね」と泣きながら言い返したりもしました。

反抗期の子どもに親がしてあげられることは微々たるもの。面と向かって相談してくれればアドバイスもできますが、この時期はそうもいきません。私はそれぞれの大好物を順番に作ったり、気持ちよく過ごせるように洗濯したり、家を整えたり。他人に迷惑をかけているわけではないし、私に向けているだけのことですし、なにより「いただきます」「ごちそうさま」「行ってきます」は、ちゃんと言えていたので、まあいいかと思うようにしていました。

それでもつらくなると見返すのは、小さいころに子どもたちがくれた手紙です。私のお誕生日や母の日だけでなく、なにげなく「元気だして～」なんて書いてくれているものも。私はこれを小さなクリアファイルに入れて、お守りのようにして持ち歩いています。今でもときどき見返しては涙ぐむ弱い母ですが、こういう言葉は母になったからこそもらえるごほうびだと思っているのです。

どんなに口答えされても、この手紙を見て、なんとか持ちこたえられた日もありました。大事な大事なお守りです。

学校行事での服装、小物選び

入学式や卒業式のほか、授業参観や三者面談、部活など学校へ足を運ぶ機会は意外とあって、洋服選びにはとても気をつかいます。子どもが主役なので、あくまでも目立ちすぎず、かといって地味で暗い感じにならないよう、その場の状況に合わせた洋服や小物を選ぶ必要があります。

「式」という名前のつくフォーマルな場では、生地の素材がレーヨンのものなど、ふわりとした感じのものを選び、あとは小物できちんとした雰囲気になるように工夫しています。黒の光沢のあるバッグとちょっとだけヒールのある靴、さらにパールのアクセサリーをそろえておくと、どんな洋服にも合わせやすく、派手になりすぎずにフォーマルな雰囲気にできます。

授業参観や三者面談のときは、ふだん着ているアイテムのなかで、派手な色みは避け（もともとそれほど派手な色は持っていないのですが）、なおかつ暗くならないような色柄を選びます。淡いブルーや明るいグレーの上質なニットが一枚あると便利。革のバッグと靴を合わせればきちんとした感じになります。

部活や運動会は動きやすさが大切です。ふだんはパンツスタイルでいることはほとんどないのですが、キュロットなら下半身の体型もカバーできるので重宝しています。汚れることを考えて、帰ってきたらまとめて洗濯機に入れてがしがし洗えるよう自然素材のものを選ぶようにしています。

入学式・卒業式

靴やバッグ、
アクセサリーで
ドレスアップ。
派手ではなくとも、
フォーマルな感じに。

c.

d.

b.

a.

a. ふだん着ている綿や麻などの自然素材ではどうしてもカジュアルになってしまうので、「式」のときには、てろんとしたレーヨン素材のワンピースを選びます。
b. コートはデザインされすぎていないベーシックなトレンチコートを合わせます。子どもが主役ですし、目立ちすぎないことも大切だと思っています。
c. 携帯電話とお財布など貴重品だけを入れる小さめのクラッチバッグを。これだけでぐんとフォーマルになります。さらに黒い無地のサブバッグをプラスして、ルームシューズなどを持って行きます。
d. アクセサリーは、パールのネックレスとピアスだけでシンプルに。アクセサリーは意外と重要です。パールなら派手にならず、品よくまとめられます。
e. クラッチバッグに合わせ、黒のヒールのある靴に。スーツではなくても、小物使いを工夫すれば「式」の場に合う装いができると思います。

e.

授業参観・三者面談

ふだん着に
少しきちんと感をプラス。
落ち着いた色の
上質なニットと、
革製のバッグや靴を。

a.

d.

b.

c.

a. カジュアルにならないよう、カシミヤやメリノウールなど、質のいいニットを選びます。カーディガンでもアンサンブルでも、上質なものがあると便利ですよ。
b. スカートはふだんもはくタイプのもの。おせわになっている先生やお母さんたちに会う場なので、丈は膝下に、色使いは抑えめに、目立たないのが鉄則です。
c. 靴もバッグと合わせて同じ色みの革製に。はいたら革靴用の道具で手入れして、きれいな状態を保つようにしています。
d. 資料を持ち帰ることもあるかもしれないので、A４のものが入るバッグです。コットンではなく、革製でかっちりとした印象に。

部活・運動会

動きやすく、
体型カバーできる
デザインを。
汚れても、
がしがし洗える
自然素材がぴったり。

a.

d.

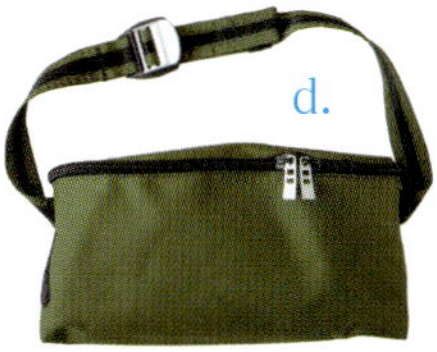

b.

c.

a. トップスはキュロットパンツとのバランスと動きやすさを考えて、ふだんから着ているボーダーのカットソーを。
b. スカートだと気軽に座れません。お尻や太ももなど、気になる部分も隠したいという気持ちもあります。太めのキュロットパンツだと体型も気にせず動きやすくて便利です。
c. 子どもが小さいころは親子競技もあったので、スニーカーでした。白は汚れが気になるかもしれませんが、キャンバス地のものを選んで、どんどん洗うようにしています。
d. 両手が使えるショルダーバッグはなにかと便利です。これは「KEEN」のもの。丈夫で軽く、さらにシンプルなデザインで、どんな洋服にも合わせやすいので重宝しています。

あと○年と考えると、どんな時期も楽しめる

息子を妊娠中に、義母から「3歳までのかわいさが、あとから貯金になってくるから、できれば預けないでゆっこちゃんの手で育ててね」と言われたことがあります。わが家は急いで私が社会復帰する必要もなかったので、少々貧乏ではあっても、じっくりたっぷり育児をしようと決めていました。実際に生まれてからは、毎日とても愛おしくて、日々の成長を見逃さないようにと思うと、もったいなくて預ける気持ちにはなりませんでした。

息子が2歳になる前に娘が生まれてからは、目がまわる忙しさ。ふたりに食事をあげてから、自分は台所で片づけをしながら立って食べたり（子育て中のお母さんはみんなそういうことがありますよね）と、めまぐるしい日々がはじまりました。それでもかわいくて仕方なく、毎日抱っこしてすごしているうちに、いつの間にか反抗期がやってきて……。でも、幼いころにみっちり育児をしたというベースがきていましたし、義母の言っていた「3歳までのかわいさ」がきちんと貯金となって、「かわいかったなぁ」と思い出すとあたたかい気持ちになれて、大事な支えになったように思います。

思う存分いっしょにいて育児、子育てができたので、今はすっきりしています。べったり24時間ずっといっしょにいられるのは3歳まで、抱っこさせてもらえるのは小学6年生くらいまでと考えることで、その時々がとても貴重に感じられ、大事

に思えたのでしょう。

　こんなふうに、あと○年と区切るのは、クセなのかもしれません。妊娠したときは10か月どんなときもいっしょだと思ったり、新婚生活は子どもが生まれるまでのことなんだと考えたりしていました。その後、お店をはじめたときは学童保育のある3年間だけできればと思っていましたし、高校の合格発表の日には、家族4人で暮らせるのはあと3年間かもしれない……と。息子のお弁当作りがはじまったときは、あと3年しかないのだからと区切ることで楽しめたように思います。今は、娘の進路によってはあと1年で巣立っていくのかも、と想像しています。

　料理や洗濯、掃除など、毎日続くお母さんの仕事。淡々と繰り返しのように思えることも、いつかは終わりがきたり、変化が訪れるものです。先が見えず、いったいいつまで続くのだろうと気が遠くなることがあるかもしれません。そんなときは、あと○年と区切ってみるのがおすすめです。その山場までがんばろうと前向きになれますし、あと○年ならなんとかがんばれそうだな、と思えてくると思います。毎日同じことがずっと続くわけではないと考えると、そのとき感じる楽しい気持ちや悲しい思いすらも愛おしく、家族とすごす時間を大事にしたいなと思えて、力もわいてくるのです。

自分で自分にごほうびをあげる

子どもが成長し、それほど手がかからなくなった反面、イベントを企画したり、撮影や原稿を書いたりと、自分の仕事が少しずつ増えてきました。どれも楽しいことですが、山場を乗り越えるにはパワーがいります。そんなときは、目の前にごほうびの「にんじん」をぶらさげるようにしています。

たとえば、大好きなミュージシャンのライブに行ったり、ひとりでゆっくり映画を見たり、友人のイベントに参加したり、個展や美術館に行ったり。友人と約束して、おいしいと聞いたお店に食事に出かけたりもします。年齢とともに、物を買うよりもライブや映画、ごはんを楽しむ時間にお金を使うようになりました。

仕事で東京へ行くときは、友人と夜ごはんを食べてから帰ることもあれば、1泊することもあります。今は息子が東京にいるので、出張がてらごはんを食べに行ったり、買い物したりするのも楽しみのひとつ。ホテルで1泊できたときは、朝ゆっくりお風呂に入り、誰かが作ってくださったモーニングを食べ、チェックアウトまでベッドでごろごろしてと、なんともぜいたくな時間をすごすことができます。そのかわり、夫と娘には大好物の夜ごはんを作っておき、翌朝のごはんとお弁当を作り置きして。気持ちよく送り出してくれる家族がいてくれてこそのごほうびです。

育児がひと段落した今、お母さんはお母さんで少しずつ楽しんでいけたらいいなと思っています。

111 見終わったライブや展覧会、
映画のチケットは缶に収納。
ふたを開けるたびに、楽しか
ったなとうれしくなります。

贈り物やお礼の品の選びかた

おいしいものやすてきなものを見つけると、つい人に話したくなってしまいます。だから今、生活雑貨のお店をやっているのかもしれません。

手みやげやちょっとしたお礼、あいさつの贈り物としていいものを見つけると、いくつか買い、まわりに配っています。取り寄せをするのも大好きで、おいしいと思ったらまた注文して誰かに渡したりも。この場合は、相手がお返しのことを考えてしまうほど高いものや、気持ちに負担がかかるようなものは避けるようにしています。だいたい８００円前後のものを選び、さらに持ち運ぶことを考えて、軽くて常温で大丈夫なもの、賞味期限の長いものを。私の場合は、お茶やのり、小さな甘いお菓子、手ぬぐいやマスキングテープなどを贈ることが多いです。

結婚してからは、親戚や友人、夫と私の仕事関係などへ、お中元やお歳暮を選んで送るという仕事が加わりました。金額を考えながら、なるべく旬のおいしさを味わえるものを選ぶようにしています。冷凍が必要なアイスや、その日の晩に食べたほうがいい鍋セットなどは、先方の冷蔵庫事情もあるでしょうから（食材でいっぱいだと負担になりますから）、相手に聞ける場合は到着希望日に合わせて送ります。

大げさなものではなく、おいしいもの、いいなと思ったものをちょこちょこと贈るのが好きです。楽しいことはみんなで共有できたらうれしいですから。

お中元

夏らしさを感じられる
ジュースやアイスを。
自分も大好きな
味ばかりです。

「PLAIN BAKERY」のジュース

高知県のなるた果樹園で製造しているジュース。文旦やデコポンなどその時期の旬がつまっています。ちょっといいジュースは、自分でももらうとうれしいので、贈り物に。（1900円）

「SOWA」のアイスクリーム・シャーベット

アイスクリームはバニラや抹茶など、どこかなつかしい味。シャーベットは季節で使うフルーツがちがうのも楽しく、年代を問わず喜ばれます。（定番&売れ筋12選セット　2650円）

お歳暮

一年の感謝を込めて、
ご家族みんなで
楽しめるものを。
手間がかからず
食べられるのも
選ぶポイントのひとつ。

ちょっといいくだもの

ふだん自分では買わないような、ちょっと上質なものもおすすめです。とくにくだものなら、家族みんなで楽しめるでしょうし、甘いものが苦手なかたにも贈りやすいので重宝します。デパートやくだもの専門店で選びます。

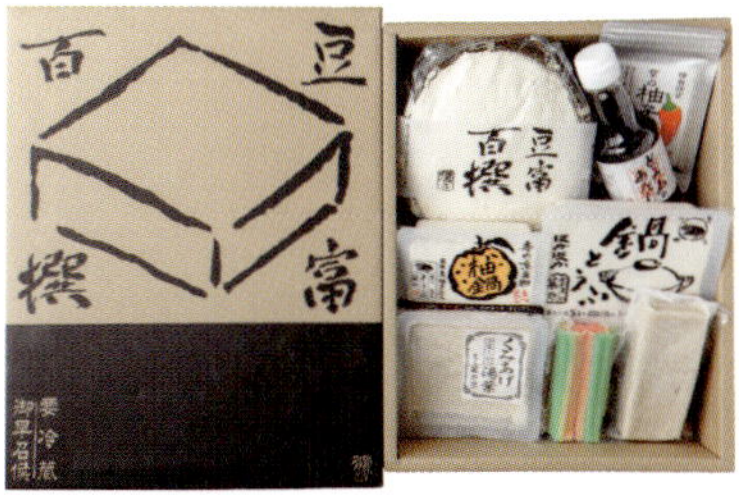

「京とうふ藤野」の湯豆腐セット

竹ざるとうふや柚子の皮入りとうふ、さらに湯葉や麩、だしがセットになっています。夕ごはんの準備があるでしょうから、希望日時を聞いてから送ります。（京の湯どうふセット　4500円　年によって内容・価格が変わることがあります）

旅のおみやげやお礼の品

おみやげ選びのポイントは、
相手の負担にならない価格と
持ち運びのしやすさ。
おいしいものは
繰り返し取り寄せして
友人にも贈ります。

a.

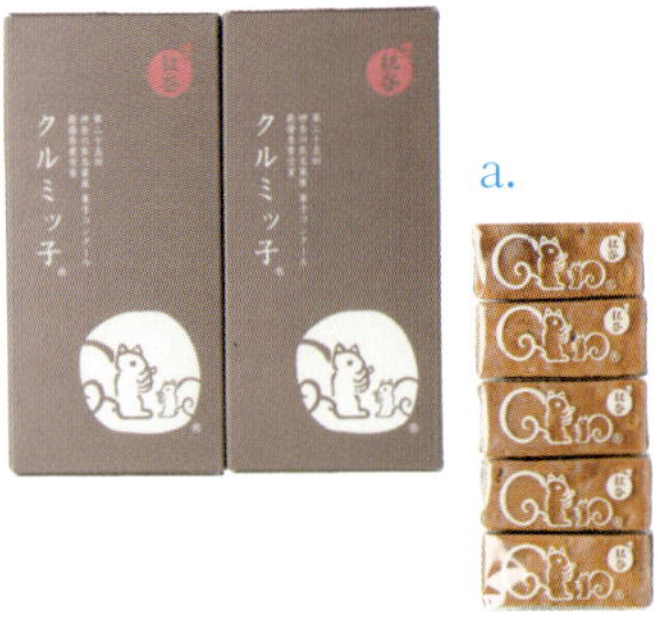

d.

b.

e.

f.

c.

d.「山田製油」の炒りごま

店のお年賀やちょっとしたお礼によく購入しているごまです。化学調味料も保存料も不使用なので安心。相手に気をつかわせない価格なのもポイント。（炒りごま万能タイプ 70g　各 194 円）

e.「菓子工房エピナール」の トリュフ・オ・ショコラ

口に入れるとじんわりとろける生チョコレート。何年も前から家族の大好物でお取り寄せを繰り返しています。親戚へのお年賀や友人へのプレゼントに。（小　2200 円）

f.「M's キッチン」のブルーベリージャム

使っているのは、ブルーベリーとグラニュー糖、レモンだけというフレッシュで濃厚なジャム。朝が楽しみになります。目にもいいので、忙しくしている友人などに贈ります。（200g　864 円）

a.「鎌倉紅谷」のクルミッ子

くるみがたっぷり入ったキャラメル入りの焼き菓子。食べやすい小ぶりのサイズもいいですし、パッケージもかわいいので、鎌倉に行くと自分用、おみやげ用に買います。（5 個入り　702 円）

b.「カフェ・ヴィヴモン・ディモンシュ」の コーヒー豆

鎌倉に行くと自分用にも必ず買う味。コーヒー好きの人に喜ばれること間違いなしです。いつもマスターに深煎りのおすすめを飲ませてもらい、豆をお持ち帰りにしています。

c.「川上酢店」の岡崎のソース

先日、愛知県へ遊びに行ったときに、パッケージにひと目ぼれして購入したもの。旅先ではスーパーに行き、その土地の食材を見るのが大好きです。そこでしか買えないものをおみやげに。

沼津の手みやげ

魚やお茶など
沼津ならではの
おいしさを届けます。
手渡しするときは
軽いものを。

g.

h.

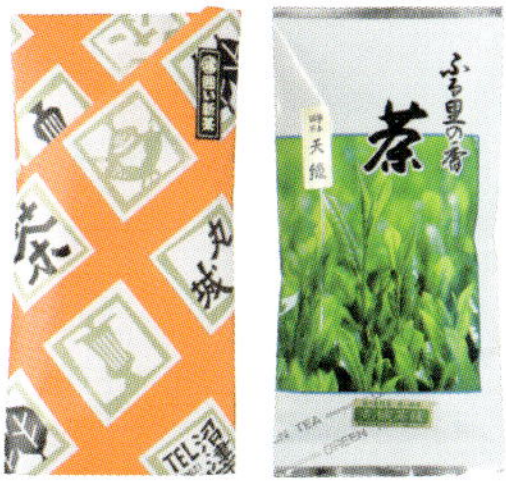

i.

g.「山正」の魚セット

アジの干物や太刀魚のしょうゆ干し、しらすなど、自分でも夕ごはんによく買うものをセットにして。焼くだけで立派なおかずになるので、とくに忙しい友人に贈ることが多いです。

h.「丸城茶舗」のお茶

静岡といえばお茶。季節になるとおいしい新茶が出るので、友人、知人に配ります。コンパクトなうえに軽いので、手みやげとして渡すのにぴったり。かわいらしい包み紙も気に入っています。(天緑 100g　1620円)

i.「いちかわ」の和菓子

沼津の老舗の和菓子店。上生菓子は味はもちろん、形も楽しめます。手みやげとして購入したり、遊びに来た友人に渡したり。halの近くなので、気軽に立ち寄れるのもうれしいです。

問い合わせ先

＊ SOWA　http://sowaice.jp/kamiyacyo/
＊ PLAIN BAKERY (YAECA HOME STORE)
　http://www.yaeca.com/
＊京とうふ　藤野　http://www.kyotofu.co.jp/
＊鎌倉紅谷　http://www.kamakurabeniya.com/
＊カフェ・ヴィヴモン・ディモンシュ
　http://dimanche.shop-pro.jp/
＊川上酢店　http://www.maruki-su.co.jp/
＊山田製油　http://www.henko.co.jp/
＊菓子工房エピナール　http://www.m-epi.com/
＊ M's キッチン　☎ 092-938-4400
＊山正　http://www.yamasho-japan.com/
＊丸城茶舗　http://marujo.net/
＊御菓子司いちかわ　☎ 055-963-4418

「すぐやる課」を心がける

お母さんとして、日々やるべきことや覚えておかなければならないことはいろいろあります。仕事もしているので、なおのこと。買い物や次の日のお弁当のこと、メールの返事やお礼の手紙など、たくさんある事柄をすべて覚えているのはむずかしいので、忘れないようにと何でもメモするクセがつきました。

やらなければならないことを前日の夜に箇条書きにしておいて、持ち歩くようにしています。なかでも大事なことはすぐやるように、「すぐやる課」を心がけて。こなした順に線で消していけば、ちょっとした達成感もありつつ、チェックもできるので、郵便の出し忘れや買い物忘れもずいぶん減ります。

先日、友人に贈り物をしたらすぐにお礼の手紙が届き、とてもうれしく思いました。私もお礼はすぐに書けるようにと、小引き出しの一段に手紙セットをまとめて入れています。引き出しごと抜いてちゃぶ台に置き、好きな一筆箋や便箋を選んで書けるので便利です。切手もかわいいデザインやきれいな柄を見つけたら買っておき、すぐ使えるように小引き出しにまとめています。

このように書くと、いつもてきぱき「すぐやる課」のように見えるかもしれませんが、特別用事のない日は、家事が終わるとだらだらすごしています。だらだら時間があってこそ、すぐスイッチを入れられるのかもしれませんね。

次の日が撮影のときは、着ていく服をメモして、アイロンチェックなどをします。買い物メモも忘れずに。

店は、母でも奥さんでもなく自分でいられる場所

「hal」を開店したときに感じたのは、自分の居場所ができたということでした。さくらちゃんのお母さんや後藤さんちの奥さんではなく、ただの私でいられる場所だなと感じたのです。また、お店というフィルターがあるおかげで、ちょっと人見知りな私が人に積極的に話しかけられるようになったのも、よかったことのひとつ。行ったことのない県からいらっしゃったお客様からその街の話をうかがったり、おしゃれなお客様に、「そのお洋服はどちらで買われたのですか?」と聞いたりできるのはお店だからこそで、とても楽しいのです。子育てが終わりつつある最近では、小さなお子さん連れのお客様が来てくださると、おばあちゃん目線で見てしまい、かわいくてありがたいなと思っています。また、通勤時に車の中で好きな音楽を聴くのも楽しみのひとつであり、気分転換にもなっています。

働きながら家事をこなすのはたいへんなこと。私なりに優先順位を決めてやってきました。ぎりぎりまで働いて急いで帰ってごはんを作らなければならないとなると、私の場合はいっぱいいっぱいになってしまいます。子どもが小さいころはお店を15時閉店にし、お茶を飲んだりしてひと息ついてから家事に取りかかっていました。子どもの成長とともに、16時閉店へ、さらに定休日も土曜から水曜に変更し、生活とのバランスを取りながら、店を続けています。

店は、家の仕事から離れられる大事な場所。お客様がいらっしゃらないときは、のんびりゆっくり過ごすことも。

疲れたら、がんばらない

あれをやったら次はこれをやってその次は……と、一日の段取りをずっと考えながら動いています。頭の中はつねにフル回転状態。ときには疲れてしまう日もあります。急な用事で時間がなかったり、体調がすぐれなかったりというときは、無理にがんばらないようにしています。そもそもがんばれない状況ですし、できないのは仕方がないのですから、無理は禁物。家事をお休みして家族に甘えてもいいかなと思っています。

たとえば家族のごはんは、そばだけゆでて、かき揚げを買ってきてもらうこともあれば、近くのおいしいとんかつ屋さんのお弁当を買ってきてもらったり、回転寿司に行ってもらったり。また、自分を元気にするための時間もつくるようにします。いつもは家のことがあれこれ気になってしまい、2時間テレビの前に座って映画一本を集中して見ることはないので、映画館に足を運んでじっくり見られるとリフレッシュできてとてもすっきりします。気のおけない友人とのくだらないおしゃべりも、好きな音楽を聴くことも、私にとって必要なこと。それだけで、ぐんと心と体が楽になるのです。自分の体調を管理するのも大切なこと。意識をして息抜きをしていけば、きちんと復活できて家事も仕事もがんばれます。

夫へ言うことはいつも半分で

庭師をしている夫は、とてもやさしい人ではありますが、職人なのでマメというよりは無骨な感じです。結婚記念日をお祝いすることはほとんどなかったのですが、私自身も記念日を気にするタイプではなく、マメな人が好きというわけでもないので、ちょうどいいのかなと思っています。最近は友人からアドバイスをもらったようで、結婚記念日に食事に行ったり、ケーキを買ってきてくれたりするようになりました。それはそれでうれしいものです。

妊娠しているときは、つわりがひどくてゴミ捨てを頼んでいました。40歳をすぎて私の握力がなくなり、洗い物中に器を割ってしまうことが増え、スライサーでの野菜の下ごしらえがたいへんになってからは、夫が洗い物兼スライサー係。コーヒーをいれてくれたときに「おいしいおいしい」とほめたら、コーヒー係もしてくれるようになりました。

人からいろいろと言われるのはきっと嫌だろうなと思います。言いたいことはすべて言わず半分くらいにして、逃げ場をつくるようにしています。夫はあまりしゃべるほうではないので、大事なことを伝えてくれなかったときは少し怒ったりもしますが、基本的に立てるところは立てつつ、口出しはしないようにしています。

ただし、ずっと健康でいてもらいたいので、食事は酢の物や野菜から食べる、ジュースよりお茶を飲むように、などは口うるさく言う毎日です。

毎年書き続けているエンディングノート

32歳のとき、1か月弱の間、入院しました。ただの疲れなのか風邪なのか、体調がすぐれないと思っているうちに激しい頭痛になり、夫に病院へ連れて行ってもらったら「髄膜炎で即入院」と言われたのです。当時、子どもは4歳と2歳でした。先生に一度帰宅してごはんの仕込みをしてから明日入院したいと言ったのですが、もちろんダメ。夫には、冷蔵庫の食材を持って子どもといっしょに夫の実家のお世話になってもらうことにしました。そして私は点滴の日々。そのとき強く思ったのです。「必ず明日が来るとは限らないのだな」と。

もしもの場合にそなえて、家族に伝えておかなければならないことはたくさんあると実感しました。それから毎年、自分の誕生日がくると、家族のこと、家のこと、店のこと、友人のことなどを自分宛ての手紙として書くように。それが普通のノートに項目を分けて書き記すようになり、最近「エンディングノート」なるものの存在を知ってからは、それを購入して細かいことまで書くようになりました。

エンディングノートは必要項目が整理されていて、家族が見てもわかりやすい作りですし、1冊にすべてまとめることができるのでとても便利です。誰に連絡をするか、大事なものはどこにしまってあるか、店はどうするかなど、伝えておくべきことはいろいろあります。とくに店は私ひとりで切り盛りしているので、何かあったときはたいへんです。老後の生活を楽しみにしつつも、そなえておくことは大切だと思っています。

ノートに書くのは、事務的なことのほかに私の思いも。「それぞれ忙しい毎日なので命日は覚えていなくて大丈夫ですが、桜が咲いたら〝お母さんの好きな季節になったなぁ〟と思う春の日があれば、それで十分です」という一文を、書き記しています。

書き続けているコクヨのエンディングノート。これからのことをゆっくり考える機会にもなります。

あとがき

というわけで、わが家はこんな感じで暮らしています。

日々当たり前に淡々とやっていることなので、特別なことはひとつもありませんが、やはりこうしてまとめてみると、すべてにおいて共通して、同じくらいの加減でやっているのだなと思いました。

言い訳がましいですが、結婚当初は時間もありましたし、はりきっていたので、もっとしっかり家のことをやっていました。家族がひとり増えふたり増え、仕事をはじめ、自分も年齢を重ねるにつれ体力もなくなり、端折ることの知恵もついてきました。そんな中でも結婚当初と変わらずに大切にしたいポイントも残りました。

娘がいつか家庭を持ったときに、「こんなふうにお母さんはやっていたんだなー」とこの本を開く日がくるかもしれません。それが参考になるのか反面教師になるのか今はわかりませんが、こうして残せることができたのはありがたいなと思います。

これまでさまざまな先輩からいろいろなアドバイスをいただきました。たとえば授乳真っ只中や反抗期真っ只中の当時はよくわからなかったことも、ひと段落した今ここで、ようやくわかったりしています。家事については、まだまだベテランではありませんので立派なアドバイスはできませんが、育児については「この時点で」と言えることは、いくつかあります。乳歯が抜けて前歯がないときに写真撮っておいてくださいとか、犬を描いてそれが犬とわからないうちの絵がかわいいとか、ひらがなの「す」を反対に書いてしまうときとか、育児過程で戻れない時期は必ずありますので、それを「大切に！」ということです。

たくさんの方々にお世話になった分、はたして自分にはいったい何ができるのかと考えながら、できる限りの恩返しをしていく段階にさしかかってきたようにも思います。

最後に、あとがきまで読んでくださいまして、ありがとうございました。この本を作るにあたってかかわってくださった方々、たいへんお世話になりまして、ありがとうございました。

二〇一六年　一月　　後藤由紀子

後藤由紀子（ごとう・ゆきこ）

静岡県生まれ。雑貨店「hal」のオーナー。
庭師の夫、高校生の長女と静岡県に暮らす。
大学生の長男は東京に下宿中。
多数の雑誌で暮らしぶりやファッションが紹介され、
人気を集める。
著書に『後藤由紀子の家族のお弁当帖』（ワニブックス）、
『「これまでも、これからも」好きなもの』
『ワードローブと日用品』（ともにマーブルトロン）などがある。

hal
http://hal2003.net/

ブックデザイン　茂木隆行
撮影　広瀬貴子
編集・取材　晴山香織

毎日続《まいにちつづ》くお母《かあ》さん仕事《しごと》

二〇一六年三月一日　初版第一刷発行

著者　後藤由紀子《ごとうゆきこ》
発行者　小川淳
発行所　SBクリエイティブ株式会社
〒一〇六-〇〇三二　東京都港区六本木二-四-五
電話　〇三-五五四九-一二〇一（営業部）

印刷・製本　萩原印刷株式会社

ISBN978-4-7973-8496-3